ミニマリストの部屋づくり

ブログ「ミニマリスト日和」
おふみ

X-Knowledge

はじめに
―私がミニマリストになった理由―

はじめまして。
おふみと申します。
モノを捨てられず
汚部屋と化した家で暮らしていましたが
「身軽になりたい」と思い立ち
ミニマリスト
（最小限のモノで暮らす人）に
なりました。

身軽になりたいと
思ったきっかけは
「運が悪いな」と
感じることが
続いたからでした。

仕事では防ぎようのないクレームが続き
家でも夫と喧嘩が絶えませんでした。

なぜこんなに運が悪いんだろう？と
調べていると
目に飛び込んできた言葉に
ハッとしました。

**「掃除ができていない人は
運が下がる」**

思えば掃除は、いつも後まわしにしていました。
もう何ヵ月も、見て見ぬふりをしていたんです。

そこでまずはトイレ掃除をしてみました。
しっかり磨いて天井も拭いて、
コードのホコリもとりました。
すると、それまでは居るのが
なんだか不安な場所だったのに
「居て安心できるスペース」に変わりました。
これは気持ちがいいなぁと、
他の部屋も掃除を始めました。

そして気がついたのは、
「モノが多すぎる」ということでした。
掃除のために片づけても、
結局モノが減らなければ
くつろぐスペースさえありません。

そこで今度は
「片づけるのではなく捨ててみる」ことにしました。
捨てる瞬間は胸が傷むけれど
スッキリしたスペースが生まれると
心は不思議と軽くなっていきました。
それと関係があったのか、
仕事でのトラブルもみるみる落ち着き

運が上向き、人生が動き出した
感覚がありました。

いつでもどこでも
身軽に暮らせる人になろう。

ハイエースいっぱいのモノを捨て
ミニマリストになりました。

今でも手放し続けていますが
家にモノが何もない、
すっからかんの状態は目指していません。
私と家族が落ち着くのは、
スッキリしているけれど
どこかあたたかくてホッとする家だから。

そんなミニマリストになってみると
家で過ごす時間が
とっても好きになりました。

必要なだけの家具があり、飾りがあり、
スッキリしているけど
かわいい部屋。

「わが家はどこよりも落ちつく」と思える
ほっこりする暮らしの作り方が
皆さんのヒントになれば幸いです。

この本が考える「ミニマリスト」

「ミニマリスト」を私なりに定義するならば、

・自分にとってモノの適量がどれくらいなのか探りながら暮らしている人

なおかつ

・モノが多いより少ない方が、心地いいと感じる人

となりそうです。

モノの適量はひとそれぞれ。
不便をしてまで少ないモノで暮らすことや
誰かが決めた個数で生活する人を呼ぶ言葉ではないと思っています。

個性まで手放す必要がない、とも思っています。
料理が好きなら器はある程度持つ。その分ほかを極力減らす。

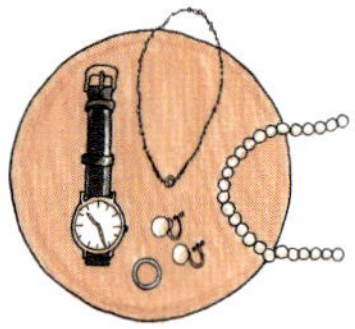

おしゃれ好きなら、流行を取り入れつつ数通りの制服化をする。
生活のなかで、自分が
「ああ、幸せだな」と思える瞬間を増やすために
モノを少なくするのです。

そうすると暮らしに「ほっこり」が生まれます。
スッキリのなかにほっこりもあると
身軽なうえに心地のいい暮らしができます。
その時々の自分に合う暮らし方を実験して、
アップデートを続けていく姿勢の人を
この本では「ミニマリスト」と呼びたいと思います。

私はそんな「ミニマリスト」になってから、
数年前には想像もつかなかった生活をしています。
どこでも暮らしていけると思えるくらい、
生き方も身軽で前向きになりました。

スッキリ&ほっこりなわが家の間取り

わが家は2DK（44㎡）のマンション。
夫婦ふたり暮らしにはもともと十分な広さでしたが、
モノを少なくすることで実際より広く感じます。
「どこもかしこもスッキリしている」と言われる家になりました。

1 玄関

入ってすぐキッチンにつながる玄関。靴は出しっぱなしにしないようにしています。靴箱の上は、私なりのルールを守った飾りの場です（P78、98）。

2 キッチン

大きな食器棚は持ちません。小ぶりな3段収納にすべての食器を収納し、調味料も冷蔵庫に入る分のみ。「料理がしやすく片づけもラク」を目指しています。

3 トイレ

汚部屋暮らしだった私が、まず見直したのはトイレでした。掃除を習慣にするとみるみる運の巡りも良くなって、今では朝のルーティンにしています。

4 洗面

一般的な洗面化粧台と、洗濯機があります。洗面台横の隙間には下着類の引出しを置いていて、着替えや洗濯がここで完結するようにしています。

5 リビングダイニング

6畳のフローリング。テレビもソファも大きな棚も、モノはほとんどありません。落ち着く家具と大好きな飾りのみの、ほっこり安心感のある部屋です。

6 寝室

畳の和室。ふたり分の服はもちろん、ほとんどの日用品はこの押入れにしまっています。椅子もベッドも不要な和室は、ミニマリストに最適です。

CONTENTS

02 はじめに ―私がミニマリストになった理由―
08 この本が考える「ミニマリスト」
10 スッキリ & ほっこりなわが家の間取り

CHAPTER 1

後悔しない モノの手放し方・選び方

モノが減ったらこんな変化がありました

18 気持ちの変化
20 家の変化
22 一気に・コツコツ 2タイプの手放し方
24 「残す・手放す」境界線
30 テンポよく手放すちょっとしたコツ

モノ別 後悔しない手放し方

32 洋服
34 下着、タオル
36 ファッション小物
38 本、紙小物
42 家族のモノ
44 鍋、フライパン

CHAPTER

2

常識より「正直」を大切に ミニマリストの収納術

45 食器
46 水切りカゴ
47 食器棚
47 洗剤
48 ダイニングセット&ソファ
50 収納家具
51 テレビ
52 寝具
54 趣味のモノ

62 収納はがんばる必要ナシ
64 究極にラクな収納の心得

場所別 スッキリ収納術

66 リビング
68 キッチン（シンクまわり）
70 キッチン（棚まわり）
72 洗面所
74 寝室
76 押入れ
78 玄関

CHAPTER 3

スッキリなのにほっこりする ミニマリストの飾り方

82 ミニマリストなのに、「飾る」?!
84 スッキリを保って飾る3ヵ条

ほっこり見せてくれるモノ

86 IDEA1 花を飾ってみよう
88 IDEA2 布を飾ってみよう
90 IDEA3 道具も飾りに

スッキリ見せる場所のコツ

92 IDEA4 掃除しやすい場所に飾る
94 IDEA5 窓辺ならキレイを拡散
95 IDEA6 コートハンガーを利用する

キレイに収まる置き方のコツ

98 IDEA7 三角形を意識する
99 IDEA8 同じカタチを集める
100 IDEA9 理想をハッキリさせてから飾る
102 IDEA10 少ないモノでもテイストを作る
和モダンな部屋
カフェ風スタイル
北欧インテリア
アウトドアスタイル

CHAPTER 4

日々の小さな習慣で 心もスッキリ&ほっこり術

110 窓を開けて朝の部屋ヨガ
112 トイレ掃除はげん担ぎ
113 日光は朝家事ハイを呼び込む
114 モーニングページで脳の排水
115 月に1回、花屋に立ち寄る
116 お清め感覚の「中掃除《ちゅうそうじ》」
118 塩でササッと邪気を払う
119 財布をねぎらう「磨き習慣」
120 ゆるマッサージで自分をいたわる

COLUMN

40 特別なモノは無理に手放さなくていい
56 ミニマリストの防災ライフ
91 飾るのが楽しくなってきたら
96 手の届かない場所に飾ってはいけない
106 自分らしい部屋にするには？

ESSAY

60 身軽になりたい理由はなに？
80 手放すことに罪悪感がある人へ
108 「床の間的スペース」のすすめ
121 暮らしは変化していっていい

STAFF
装丁・本文デザイン　米倉英弘、鈴木あづさ（細山田デザイン事務所）
印刷　図書印刷

CHAPTER

1

後悔しない

モノの手放し方・選び方

モノが減ったらこんな変化がありました

気持ちの変化

1 家に居る時間が好きになった

モノを減らしたいちばんの変化は、「家に居る時間が好きになったこと」だと思います。以前は休みになると夫婦そろって外出していましたが、それは行きたい所があるからではなく「家に居たくなかったから」。モノがごちゃごちゃ多い家では、「掃除しなきゃ」「でもほかにやりたいことがあるのに」と負の感情が渦巻いて、心が休まらなかったのです。

しかしモノが減った今は、視界にストレスがありません。スコンとキレイに空いた床、家具がなくスッキリ広がる壁。清潔で安心、気持ちがよく、ほんの少しの飾りをより美しく見せられます。だから今は家が好き。家から逃げ出していた頃が嘘のような、自分でも驚く変化です。

2 体への興味がわいてきた

健康に関心が湧いたのも、私には大きな変化です。モノが減ると家事が減り、時間にも気持ちにも余裕が生まれて体にフォーカスできるようになりました。

最近は気持ちを整えるヨガや、冷え性対策のストレッチが日課。モノが減って物理的に部屋が広々使えるようになったのも、いい後押しになりました。

ヨガをはじめました
好きなポーズ：ダウンドッグ
肩こりに効く。

3 夫婦仲がよくなった

モノが減ったら、夫婦喧嘩が劇的に減りました。思えば、喧嘩の原因はほとんど家事の分担について。モノが多いと掃除も洗濯も手間がかかって、「なぜ自分ばかり！」と不満が募っていたんです。

でもモノが少なくなると、家事の負担がぐんと減り、「すぐ終わるから私がやるよ」と言えるようになりました。

すぐ終わるから
洗いもの
やってくるね
ありがとー

家の変化

1 片づけ→掃除が一度に済む

モノがあふれていた頃は、掃除ができていませんでした。そこらじゅうに散らかるモノを片づけるだけで息切れし、掃除までたどり着けなかったのです。モノを所定の位置に戻す（片づけ）と、汚れを取り除き清潔にする（掃除）のは別作業。もし今あなたが「片づけだけでも大変」と感じているならば、それはやり方以前に、昔の私と同じくモノが多すぎるからかもしれません。

　モノが少なければ、片づけはすぐ終わります。ついでにその場をサッと拭く、ホコリをはたく。それくらいの掃除なら、たいして時間はかかりません。思い立ったときすぐにできると、気持ちもとてもスッキリします。TO DOリストが溜まることなく、心がいつもクリアです。

2 「お掃除ハイ」がやってくる

片づけ↓掃除の習慣ができてから、トイレと床掃除を朝の日課にしています。すると「お掃除ハイ」と呼べばいいのか、取りかかってすぐ気分が高揚してきます。スタートから完了までがすぐなので、スッキリ状態がすぐ目の前に想像できて、楽しくなるのかもしれません。以前は大嫌いだった掃除。でも今は正反対の、ワクワクする家事に変わりました。

3 飾る場所ができた

机も靴箱も調理台の上も、以前はモノが置ける平面があればとりあえずポイ置きするクセがありました。気がつけば部屋はいつもカオス。花や小物を飾ろうとしても、そんな余裕はありません。

「飾る場」は、「しまう場」と住み分けてこそスッキリします。無駄なモノを手放すことで「しまう場所」に必要なモノが収まりきり、飾る余裕ができました。

一気に・コツコツ2タイプの手放し方

自分の性格や目的に合わせ、無理なくモノを減らせる方法を紹介します。どちらも私が実際試し、ひとつではハイエース1台分、もうひとつでは1年で約400個を手放すことができました。

A「手放した気になってから戻す法」

この方法のポイントは、とりあえずモノをすべて出し、それを「ゴミ袋に」仕分けること。不思議なもので、一度ゴミ袋に入ったモノは、「手放してもいいかな」と意外と簡単に思えます。まずは「本棚・保存期間1ヵ月」など場所と期間をはっきり決め、その間に使わなかったモノ＝ゴミ袋の中に入ったままのモノ＝そのまま捨てる、という流れで手放します。存在を思い出さないまま一気に手放せる可能性も高く、モノを見ると処分に迷いがちという人にもおすすめです。

B「1日1個手放す法」

Aとは逆に、モノとひとつずつ向き合って、コツコツ手放す方法もあります。「これは〇〇さんに譲ろう」「これはリサイクルショップに売ろう」など手放し方を考えながら行えるのがメリットです。ただ、手放しやすいモノから手が伸びるので、難易度の高いモノが残りがち。迷ったらそのときに手放すかどうか決め、モノから逃げずに前進しましょう。

A とりあえずゴミ袋に分けちゃおう 手放した気になってから戻す法

こんな人に向いています

- ここ数年使っていない趣味のモノがある
- スッキリした状態を見ると気持ちがいい、やる気が出る

ゴミ袋を2組用意。1組は即処分、もう1組は保留入れとして、中のモノをすべて分けきる。

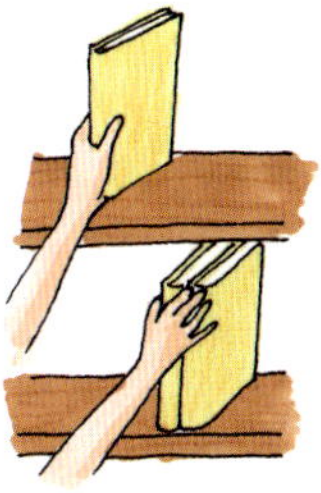

絶対に必要なモノを戻す。その後、期間内で使ったモノは、その都度それだけ戻していく。

期間中使わなかったモノはすべて、ゴミ袋に入ったまま。なくても暮らせるモノと考え処分する。

B 気づけば1年で365個減っている！ 1日1個手放す法

こんな人に向いています

- コツコツ、無理なく減らしたい
- 片づけ、整理整頓の習慣をつけたい

手帳かカレンダーを用意する。スマホのカレンダー機能でもOK。

1日1個、要らないモノを探して手放す。たとえ2個手放した翌日も、必ず1個は手放すこと。

手放したモノを記録する。振り返りながら、毎日続けることがコツ。

「残す・手放す」の境界線

1. 量

掃除がつらいと感じたら ラクにできる量まで減らす

「掃除がつらい」と感じているなら、あなたが掃除下手なのではなく、モノが適量を超えているせいかもしれません。床や棚にモノがたくさんあると、掃除機やハンディワイパーをかける前に片づけることから始めなければならないからです。

私がモノを減らして最初に驚いたのも、掃除がラク！　ということでした。それまではあれをどかしてこれをしまって…と片づけだけで重労働。ホコリを取りたいだけのはずが、やることが多くて掃除が億劫だったのです。

今はモノが少ないので、拭き掃除も掃き掃除もサッと始めてサッと終えることができています。キレイになると気持ちがよくて、掃除が楽しく感じます。

こう感じられる状態が、私にとっての「モノの適量」だと思っています。もし自分にとっての「適量」がわからなければ、毎日ひとつずつモノを手放してみて、日々の掃除を観察してみてはどうでしょう。すると、毎日行う掃除機がけ、台所まわりの拭き掃除が、あるとき「あれ、もう終わった」とラクになったことを実感する日がくるはずです。「枯らしていたグリーンも今なら育てられそう」など、新習慣が芽生え始めたらいい兆候。モノが少ないと掃除が億劫でなくなるので、サッと終えて空いた時間を好きなことにあてられるようにもなります。

床の上も棚も壁も、あれやこれやとモノがあふれてソファに逃げ込んでいた時代。掃除が大変だとわかっているので、ますますやりたくないのです。

2. 質

使っているけど不快なモノ&愛着のない実用品は手放すべし

『恋する日用品、愛すべき不用品』。これは以前雑誌で見かけ、ずっと心にある言葉です。モノを実用度の面からみると大きく4つに分けられますが、そのうちふたつが正にこれ。逆に、使っていて不快な実用品や愛していない不用品を手放すと、暮らしの幸福度が上がりました。

左図が4つの分類です。私が手放さなくていいと考える「愛すべき不用品」は、自分にしかわからなくても見ると嬉しくなるようなモノのこと。それはもはや「鑑賞という目的において実用品」。飾って楽しんだり、たまに出して眺めたり。あると落ち着く存在です。迷いそうになったときは、モノを見た瞬間に脳内を駆けめぐった考えをつかまえてみると後悔しない答えが出せます。不思議なもので、昨日までは手放せなくてもある日突然「もう手放そう」と思い立つこともありました。これからもそんなときが来たら、気持ちよく手放せばいいと思っています。

反対に、積極的に見直したいのが「機能的には問題なく使える実用品」です。使っていて不快でないなら壊れるまで使ってもよいですが、実は使うたびに何か不満があるようならばこの際手放してみてはどうでしょう。たとえば吸引力の落ちた掃除機やコードが絡まりがちなアイロン。これらを使わなくても済む方法に切り替えたり、使い勝手のいいモノにアップデートすることで、その作業自体を好きになる可能性すらあるのです。

実用・不要は4つに分けて考える

01
愛すべき実用品

02
機能的には使える実用品

A 使っていて不快ではない
ドライヤー、炊飯器、
ホーローの桶など

B 使っていて不快
吸引力の弱い掃除機、
便利だけど嫌な思い出が
あるモノなど

03
愛すべき不用品

04
愛していない不用品

ここを手放す

私の「愛すべき不用品」

父が買ってくれたネックレス。今の趣味ではないが、家族の思い出が蘇るモノなので大事にしている。

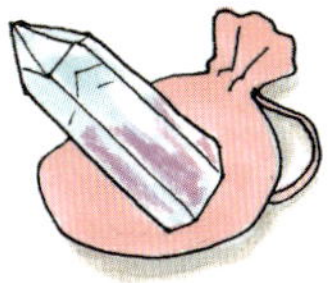

小さい頃から水晶が好き。普段は袋に入れてしまっているが、たまに出してはじーっと眺める、観賞用の実用品。

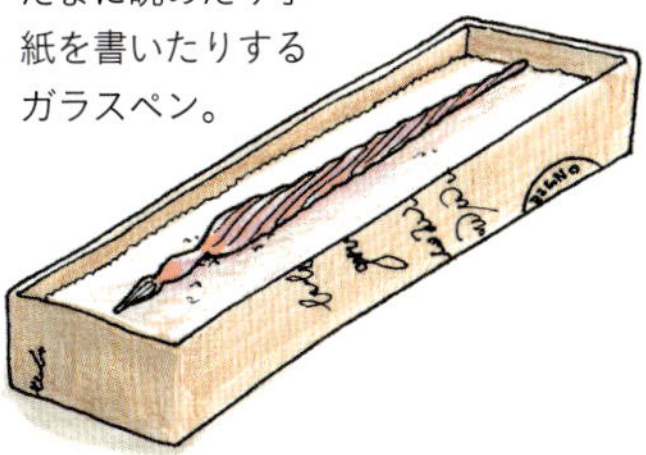

たまに眺めたり手紙を書いたりするガラスペン。

2.オーラ

置いてあるだけで空気が停滞
モノが負のオーラを出し始めたら

「モノを使わずに眠らせているのは、それを死なせているのと同じこと」。手放すかどうか悩んだときは、そう考えるようにしています。そして、死んでいるような不用品は、負のエネルギーを発っしているとも思います。置いているだけで「どうして使ってくれないの?」「もっと活躍させてほしいよ」というメッセージを発信し、視界に入るたびに気持ちが重くさせられてしまうからです。

なんとなく部屋がよどんでいる、家事や仕事が停滞していると感じたら、その部屋の中にずっと使っていないモノがないか見まわしてみましょう。不用品が発するマイナスの気配が、部屋を占拠しているのかもしれません。

使わなくなったモノを手放すと、モノと一緒に負のオーラもなくなります。そこには自然と風が通り、空間自体がいきいきしてくる感じがします。引き出しひとつ、本棚1段でもOKです。どこか1ヵ所こうしてリセットするだけで、空間も心もスッキリします。

風通しが良くなると、新しくて楽しいことも舞い込みます。停滞気味だった運が上がったり、トラブルが解消して仕事が軌道に乗ってきたり。不思議なことですが、私はいつもそんな実感をもっています。モノは本来の役割を発揮したがっているものなので、手放す際はできれば使ってくれる人のもとへと旅立たせることができるとベストです。

長年使っていないモノは…

目が合うたびに罪悪感がわきあがる。見るたびに「手放すべき？ どうしよう、また今度考えよう…」と負のスパイラルに。

悩むくらいなら手放そう

手放せると、空間も心もスッキリする。使わず抱え込むくらいなら、次の持ち主のもとへ旅立たせ、「モノとしての人生」を全うさせてあげよう。

空間ができると運も舞い込む

空きスペースができ風通しが良くなると、新しいことが舞い込んでくる。私の場合、新しい仕事や出会いが舞い込んできたり、停滞していた人生が動き出した感覚がありました。

テンポよく手放すちょっとしたコツ

コツ 1 手放しやすいタイミングに乗る

衣替え時や季節の変わりめ

服などの季節ものは、シーズン前と後でダブルチェック。その年一度も使っていなければ手放そう。傷みなどのダメージを見つけたら、修理する手間よりまた使いたい心理が勝つかで判断を。

午前中、元気なうちにパパッと手放す

すいすい手放すには元気なときに行うこと。私の場合、朝から昼の時間です。片づけ本やミニマリストのブログを読んだ後も、気分が乗っていて、ゴミ袋片手に部屋中かけまわりたくなる“手放しどき”。

来客の前日は思い切って

わが家の場合、来客が決まると夫婦そろって“手放し熱”が高まります。身軽になってキレイに整えてから迎えたいという思いになり、収納の中まで整理できる好機です。

コツ2 自分に合った方法で手放す

友人や家族に譲る

ありがと～
どうぞよろしく

まずは欲しいと言ってくれる人がいないかあたってみて。家具や服、使用感のない食器などは喜ばれることも多いですが、絶対に押し付けはしないように。

余ったら…

リサイクルショップに売る

ダンボールに入れて
送るだけの
買取サービスが手軽

服飾品は、たとえ1円でも売れる場合が多いです。「ブランディア」などの買い取りサービスや、比較的高く売れるオークションやフリマアプリでの出品がおすすめ。

それでも
余ったら…

捨てる

古い家電や使用感のある食器はリサイクルショップでも買い取り不可の場合が多いです。ゴミ処理リサイクルセンターに直接持ち込むと、収集日を待たずに手放せます。

今まで
ありがと

モノ別 後悔しない手放し方

洋服

値段や思い出に縛られず
嬉しい気分になれる服だけ

数年前の誕生日、夫がコートをプレゼントしてくれました。2年間はフル活用、3年目もそれなりに着ていましたが、4年目はすっかり寝かせたまま。視界に入るたびに「1年間着てないし手放すべき？　でもせっかく贈ってくれたモノだし……」と手放せずにいました。しかしそんな話をぽろっとすると、夫が「一年着ていないなら、手放したら？」とひとこと。悶々と悩んだ時間はなんだったのか、贈った本人は意外と冷静だったりするようです。

服の好みは一生同じとは限りません。年齢や仕事で変化するし、自分に合うならトレンドを楽しむのも悪くない。プレゼントでもらった服でも、自分の趣味と合致する時期に着て楽しめたなら、モノとして十分役割は果たしたと言えます。

Tシャツは
白・黒・ボーダーを
持つようにしています。
年1回

Tシャツ

着るたび洗濯するアイテムだけに、首元のヨレや色褪せが気になってきたら手放すようにしています。私の場合、1年間フル活用したら買い替えどき。トレンドのシルエットも毎年変わるので、ちょうどいいサイクル。下着や靴下に近い認識です。

アウター

防寒用とおしゃれ着用、合わせて2着に絞っています。以前は古着屋で数百円（!）のモノを見つけると嬉しくてつい買っていましたが、買うことで満足して、あまり着ることがなかったと気づきました。かさばるアイテムなので、そんな2軍を手放すだけでもスッキリします。

リサイクルショップに
持ち込み
ました。

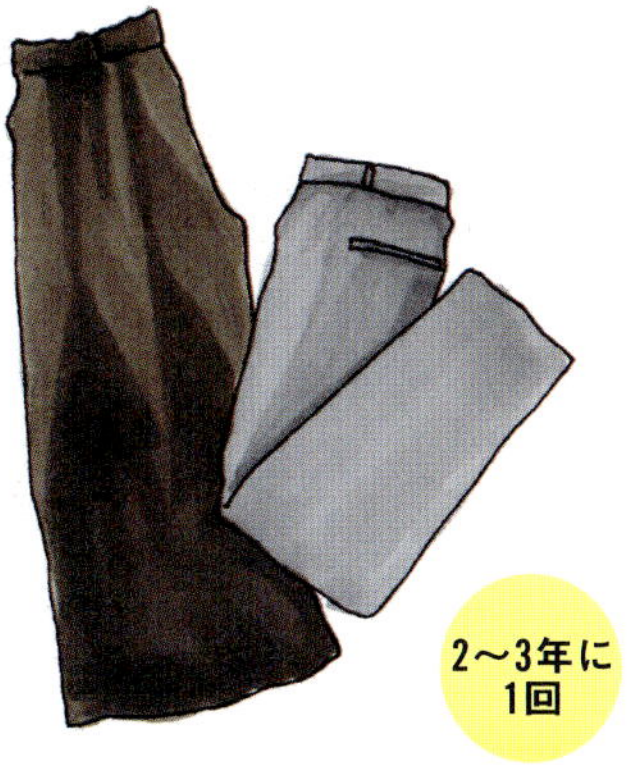
2〜3年に
1回

ボトムス

洗濯頻度が低いので比較的長く持て、私は主に傷みを見つけたとき手放します。流行を考えるなら3年スパンがひとつの目安。はやり始めから終息までが約3年なので、はやり始めなら質にも多少こだわって、2年目以降ならプチプラで買うと入れ替えがうまくまわります。

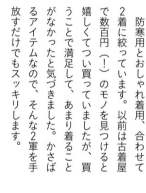

下着、タオル

くつ下

毛玉だらけに
なってない？
つま先に
穴が空いて
ない？
かかとが
薄くなって
ない？

手放す前は窓拭きに利用。ガラス拭きも惜しみなくできます。

摩耗品は手放しサイクルを明確に

下着類やタオルなど肌に直接触れるモノは、洗濯頻度も高いため、想像以上に傷みや摩耗が早いです。ゆえに「こまめにチェックし入れ替えを」とはよく聞きますが、毎日使うモノこそ「あと1回なら……」「まだ使えそう」と手放すタイミングを逃しがち。

そこで私はアイテムごとに点検時期を決めています。たとえば靴下。仕事用は、半年に一度が入れ替えサイクル。オフ用はそれより着用頻度が下がりますが、同じときにチェックをしつつ、傷みがなければ次のタイミングまで持ち越します。チェック時期は季節の変わりめ。3月末と9月末にすると決めて、先延ばしにしないようにしています。

下着

年1回

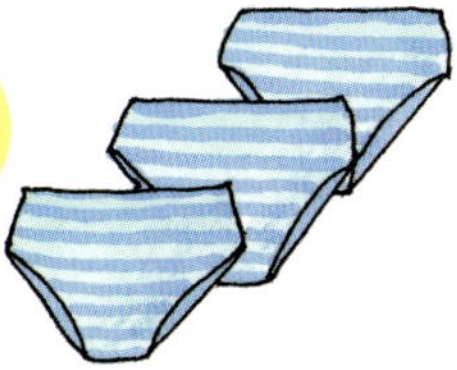

ショーツは毎年年末に8枚買って総入れ替え。新年を気持ちよく迎えます。

年2回

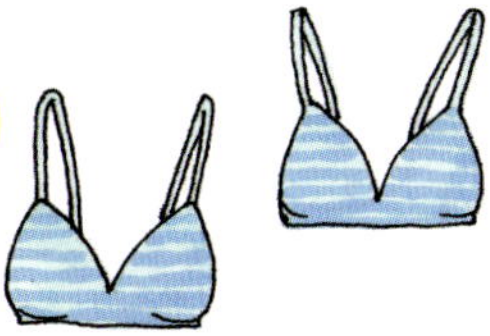

ブラは年2回ほど傷み具合を見て。糸のほつれや型崩れで肌に負担を感じたらそれ以外でも手放します。

タオル

2〜3年に1回

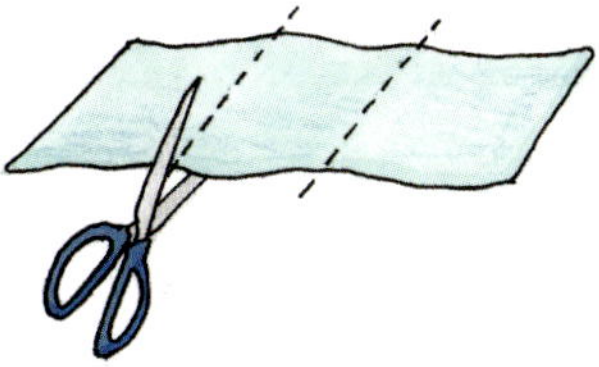

乾くのが遅くて場所もとるバスタオルは手放して、SCOPEのハウスタオル（ミニバスサイズ）でフェイスタオルも兼ねています。2年前に購入後まだ傷みがないので手放していませんが、手触りが悪くなったら雑巾にして使い切るつもりです。

タイツ

2〜3年に1回

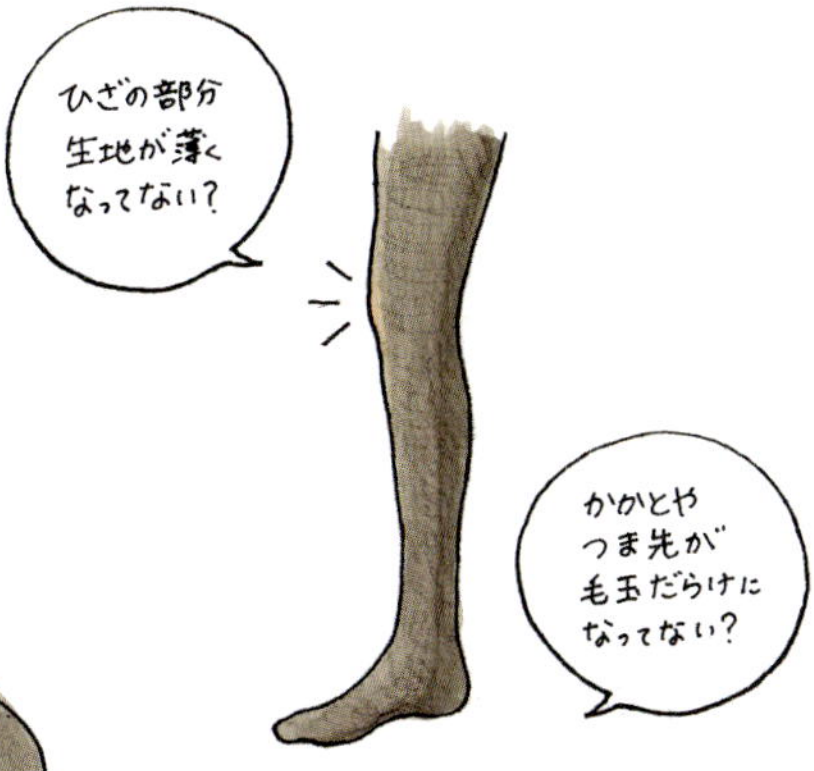

つま先、かかと、おしりまわりなど傷みが気になったら手放します。だいたい2〜3年に1度のペース。

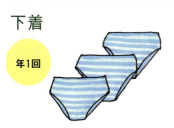

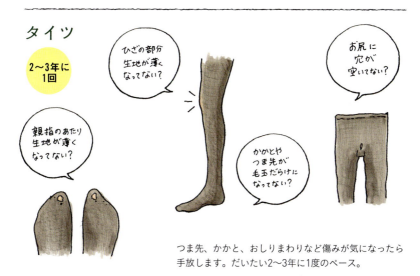

ファッション小物

バッグ

必要な個数は人によって違いますが、「ひとつのTPOにひとつまで」というルールであれば、手放すヒントにできそうです。

私の場合、通勤兼オフ用のトート、アウトドア用のリュック、きれいめにまとめたいとき用のショルダーの、計3つだけあればOK。

リュック
白トート
きれいめショルダー

帽子

以前はニット帽だけで7個持つほどの帽子好きでした。でも今は季節ごとにひとつずつ。春夏はラフィアこま編みハット、秋冬は黒のニット帽。デザインも色もシンプルなので、着る服に悩むこともありません。ただヘビーユースだと傷みが早いので、1、2年で買い替えます。

春～夏
秋～冬
1～2年に
1回

化粧品

使用期限（一年が多い）を目途に入れ替え。普段は除菌アルコールを吹き付けたティッシュで拭き、期限内でも匂いをかいで異臭がすれば手放します。入れ替え時は美容部員さんに相談。「こんな雰囲気のメイクがしたい」とイメージに近い写真を見せると失敗のリスクがありません。

靴

外見がとてもお気に入りの靴がありました。でも靴底が薄くて硬く、歩くとくるぶしとかかと、膝、腰まで痛いのです。せっかくの外出も台なしで、なにより健康に悪いと手放しました。靴は値段に関わらず、体の声に正直に判断すると後悔しないと思います。

アクセサリー

買うときときめくアクセサリー。でも、各アイテムひとつで意外と十分満たされます。私はネックレスは一粒ダイヤの軽いもの、ピアスは落ちにくいフィット型のコットンパール、指輪は結婚指輪だけで快適です。

本、紙小物

本

電子化外注サービスを使うか自分で電子化して保存する。

紙ものは基本電子化する

手放すのにいちばん苦労したのが、私の場合は本でした。本を手放すと知識ごとなくなってしまう気がしてなかなか手放せずにいましたが、本のかたちで持っておかなくてもデータ化して持てばいいと気づき、約百冊を電子化しました。

それ以降はもっぱら電子書籍派。まずは読みたい本に電子書籍版がないか調べます。なければ紙の本も購入しますが、収納スペースに上限を決め、あふれたらデータ化するか売却するように決めています。

ほかにも、手元にあるとなんだか安心で持っている紙モノもあるのでは？「紙のかたちで必要なのか」見直す意識をもてば、意外とラクに手放せます。

空き箱・紙袋

以前は使っていない空き箱と紙袋だけで押入れの¼を占拠していましたが、今はデザインのかわいさなどに惑わされず「すぐ使うなら残す、それ以外は即捨てる」と決めています。増やさないようにはじめからエコバックを持っていくのも有効です。

かわいいと
ついつい…

写真

フィルムを現像したときに付いてくる「サービス版」の写真をアルバムにしていました。それだけで約百冊あったのですが、すべてデータ（DVD）化してアルバム本体は手放しました。保管スペースが一気に減り、劣化もとどめられるのでおすすめです。費用はフィルム１本200円程度でした。

フィルム
104本分を
データ化

レシート、カード類

帰宅したら毎日、財布の中身を出し整理します。レシートはスマホにメモして即処分。保管が必要な領収書などはファイルに移します。会員カードは基本的に断り、よく行くドラッグストアなど数枚のみ。カードが少ないと財布が分厚くならないのでバッグも小さくて済みます。

領収証は
ポケットファイルに
月毎に分ける
レシートはiPhone
にメモして即捨て。
会員カードは基本断る

COLUMN

特別なモノは無理に手放さなくていい

01

バイブルになる本

萩尾望都作『トーマの心臓』、安野モヨコ作『美人画報』は、毎年読み返すこと12年超。紙の本で持っていて、私にとって人生の指南書のようなもの。これからも手放すことはないでしょう。

ほとんどの本を電子化した私ですが、本当に大事な本は紙で持ちたいと思っています。隅から隅まで注目して、絵と文字両方飲み込みたい。そんな本は紙の方が、やっぱり読みやすい気がします。

02

手づくりアルバム

大学卒業時に友人や後輩が手作りしてくれたアルバム。結婚式のとき親友や親戚から贈られたアルバム。この2冊は手放さずに持っています。紙の質感や筆跡に触れるとその人たちが思い浮かび、自分の心の健康を見えない部分で支えてくれているような気がします。

手描きの文字や特別な記憶は、そのモノ自体に封入されている感覚。スキャンすればいいというわけには思えないのです。

03

父にもらったネックレス

家族旅行で父に買ってもらったネックレス。自分でもなぜこれを頼んだのか不思議なくらい、趣味でもないし、着ける機会も少ないです。でもこれから先、父に買ってもらうことはないと思う。そう思うから手放せません。たまに見るだけでも和みます。

人から見れば不用でも、私にとっては替えのきかない大事なモノ。そういうモノにフォーカスするためのミニマルライフをしています。

04

友人からの手紙

地元を離れるときや結婚したとき、特別な台紙に書いてくれた手紙たち。クリアファイルにまとめて保管して、たまに読んではしまっています。読むと心がホッとして、元気をチャージできるお守りみたいな存在です。

同じ手紙でも学生時代の授業中にやりとりした大量の手紙はすべて手放しました。悩みや愚痴が詰まっていて、当時は大変な問題も、読み返す必要がないからです。

家族のモノ

手放す背中を見せるが吉
本人の気持ちをサポートして

大前提として、家族のモノは勝手に捨てません。「もし自分がされたら」と想像すればわかります。個人の収納スペース内に収まっていれば、いくらパンパンでも気にしない。自分のモノだけにフォーカスした方が自分の気持ちも安定します。

ただ、共有の場所に放置している場合は戻す場所を伝えます。それでも戻さない場合は私が勝手に戻しますが、勝手に捨てることは決してしません。「手放す」は本人にしかできない作業です。

では家族にモノを減らしてほしいとき、どんな働きかけが効くでしょう。

私が試して有効だった方法はふたつあります。ひとつは、夫の服がとてもあふれているなと思ったとき、スクラップしていた憧れのクローゼット写真を見せたことです。「素敵じゃない? どこに何があるかもすぐわかるし」とつぶやいてみると、案外「いいなー。こんな風にしたい」と言ってくれました。そしてそのときすぐではなかったけれど、ある日突然、自主的に断捨離を始める夫がいました。理想を具体的に見せておくと、自分のペースで行動するかもしれません。

もうひとつは、自分が手放した効果を見せること。一日一個でも休日集中してでも、手放してスッキリした状態を実際に見ると、便利に感じて真似してみたくなるようです。とは言え基本は自分が楽しむことがいちばん。「伝染すればラッキー」くらいの心構えで考えましょう。

家族を自然と動かすヒント

1 「勝手に捨てない」ルールを守って信頼を

たとえ家族同士であっても、どんな小さなモノであっても、勝手に捨てると信頼関係は壊れます。面倒でも一声かけていると、安心して任せてくれやすくなります。

2 憧れの写真を見せてみる

整理する気がありそうならば、やる気がわくよう横からサポート。好きそうな部屋の写真を見せてみると、ある日思い立って行動したりします。

3 自分のモノを黙々と整理する姿を見せる

手放し熱は、自然と伝染することも。楽しそうに整理しているのを見ると、自分もやりたいと思うようです。伝染すればラッキー♪ くらいの気持ちで試してみて。

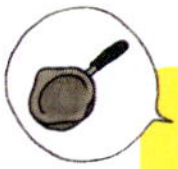

鍋、フライパン

調理道具は「同時に使う数」まで

極限まで減らそうと思ったら、ひとつで煮る・焼く・炒めるができる鍋もあります。そのためには一品ずつ作らなければなりませんが、日常生活ではいくつかのメニューを同時進行で作る方が自然です。無理してまでモノを減らす派でない私としては、「同時にいくつ使うか」をイメージし、自分にとっての適正数を見極めることをおすすめします。

よく作る献立でイメージしましょう。私なら和風ハンバーグ。ハンバーグを焼きながらソースを煮て、味噌汁を温め卵焼きを作る。合計4つ使いますが、逆にこれ以上は同時に使えません。ということでわが家には鍋、フライパン、おたまがふたつあり、これ以上は増やしません。

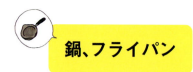

食器

手放し方　食器は未使用でないと引き取ってくれない場合が多いです。
頂き物など使う可能性がなさそうなモノは、試用せずに手放して。

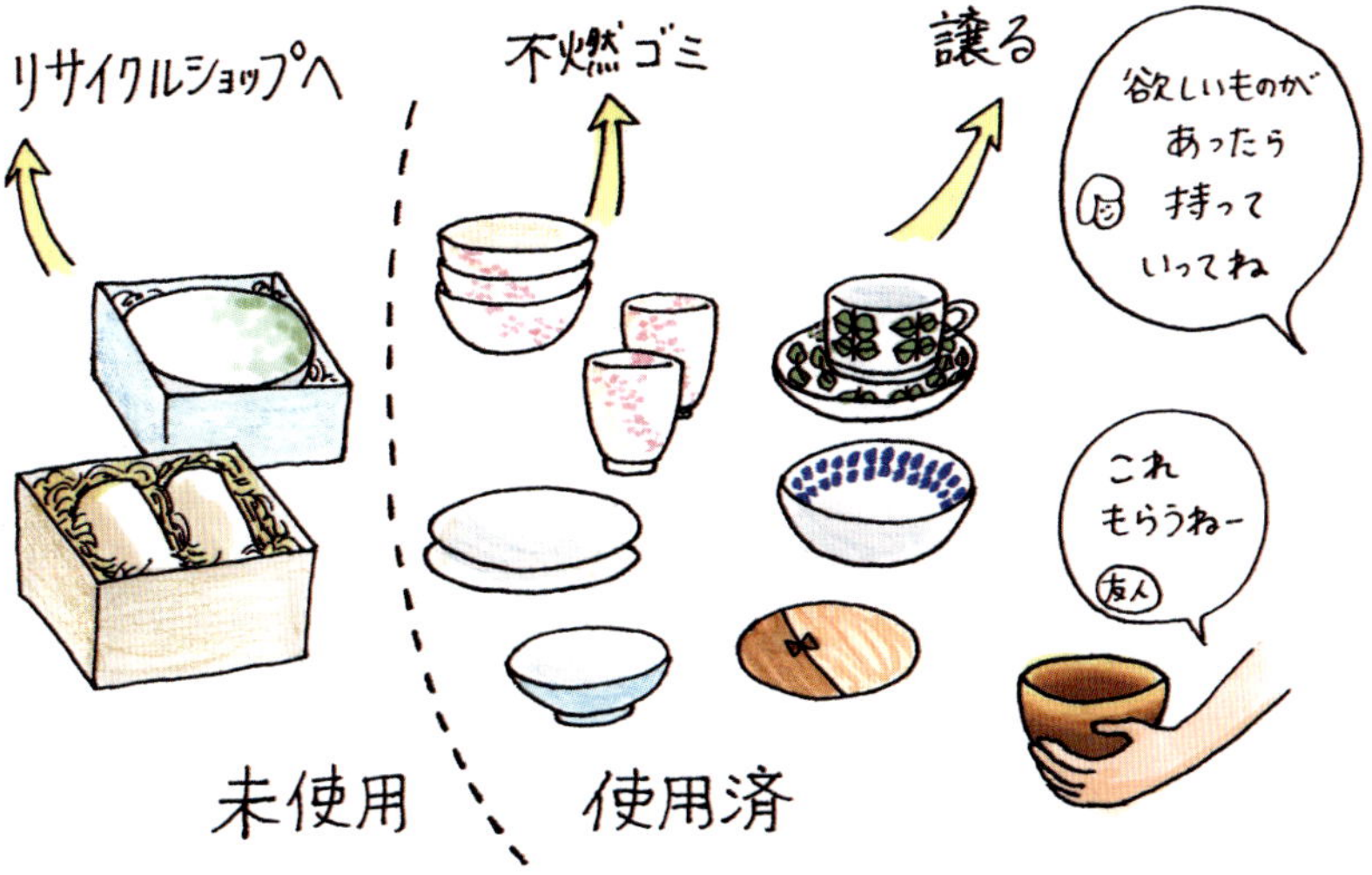

2軍食器を手放したら食器は¼以下に

以前は備え付けの大きな食器棚があったので、そこに入る限り詰め込んで持っていました。中には「来客時に使うかも」「頂き物だから捨てられない」という、ほとんど出番のないモノも。しかし引っ越した今の家には備え付け収納がなかったため、食器棚を買うか食器を減らすか、二者択一の状態に。そこで試しに毎日使うモノだけ残してみたら、¼近くまで減りました。

手放したのは、百円ショップで買った皿、実家から持ってきた湯呑み、引き出物などなんとなく集まった2軍たち。頂き物も、受け取った時点で気持ちの授受は完了しています。罪悪感を感じることなく、手放すことをおすすめします。

水切りカゴ

水切りカゴが
ない方が
料理も掃除も
しやすいのでは？

キッチンでやりたいことは「のびのび料理」のはずだから…

キッチンに食洗機がない場合は、水切りカゴを置くのが当然だと思っていました。だから調理場が狭くても、小さなまな板でちまちま調理。そんな状況にふと疑問が湧いて、「そもそもキッチンでやりたいことって？」と自問自答。食器を伏せて乾かすことより、ストレスなく料理することだ！と思えたときに、水切りカゴを手放す決心がつきました。

水切りカゴを手放してすぐの頃はタオルを敷いてその上に伏せて広げていましたが、食器を減らしてからはその必要もなくなり、今ではシンク上の備え付け水切り棚に置くだけに。のびのびと作業するスペースができると、効率が上がり、料理が楽しくなりました。カゴ自体を洗う手間もなくなったので、台所しごとの時短にもなっています。

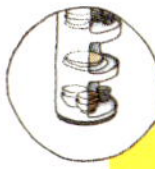

食器棚

壁を埋めるほど大きな棚は要る？

以前は備え付けの食器棚がありました。引っ越しを機に新たに買うかどうか迫られたとき、わが家は買わないという判断に。代わりに使うのは、小物入れにしていた「コンポニビリ」。食器を思いきって手放し（P.45）、台所から大型家具をなくしました。空きスペースができ、家財道具が減ったことで今後の引っ越しもラクだと思うと心が軽くなりました。

洗剤

あらゆる洗剤を兼ねる「マジックソープ」

シンクまわりは、料理中以外もモノが溜まりやすい場所。洗剤類も用途別に持つと、それぞれのストックが必要になり意外と場所をとります。いろいろ調べてたどり着いたのが「マジックソープ」。食器用洗剤やハンドソープだけでなく、お風呂用洗剤、シャンプー、ボディソープ、洗顔など何通りもの使い方ができるので、今ではこれ1本だけになりました。

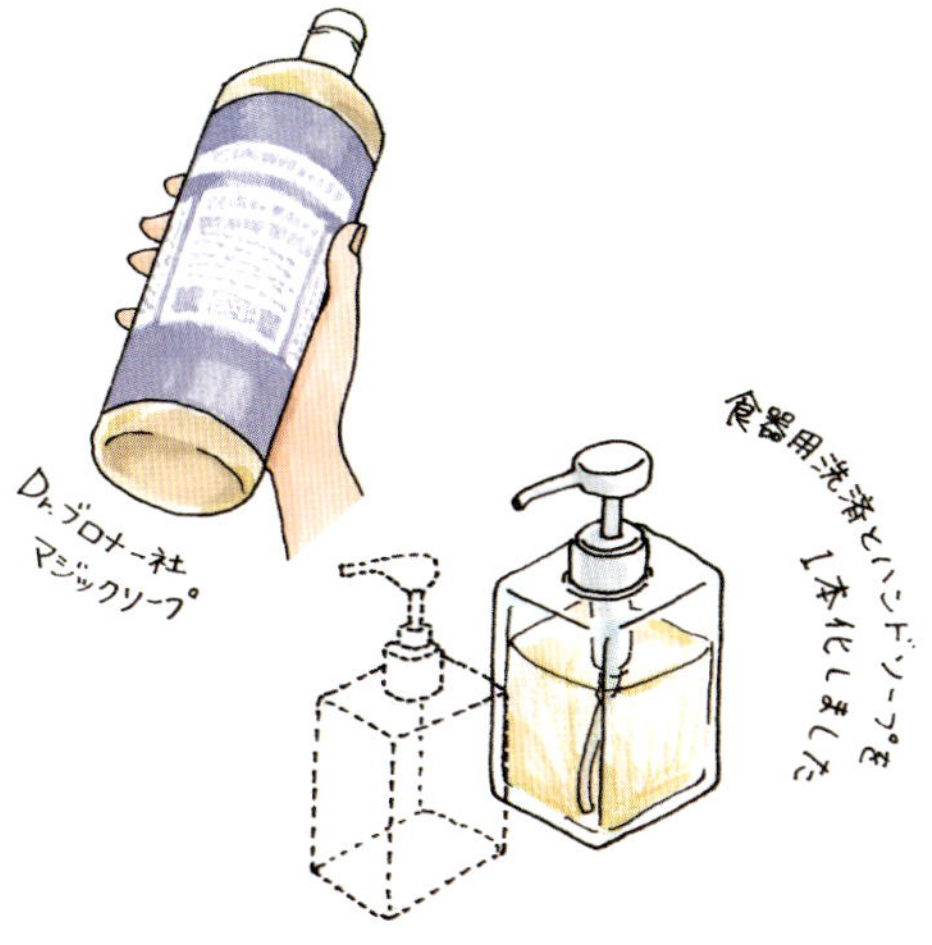

ダイニングセット&ソファ

常駐家具が減るとスッキリ ダイニングセットは効果大！

ダイニングセットは手放して良かった家具の好例です。理由は、空間を占める大きな体積が消えたこと。私は部屋の中の床・壁が8割くらい見えると「気持ちいい」と感じるので、大型家具を手放せるとその成果を大きく感じます。

わが家のリビングダイニングは、一年刻みで変わっています。2014年は、ミニマルライフに入る前。ダイニングセットにカウンターチェア、ソファとローテーブルがありました。2015年、今の家に引っ越すとともに、モノを激減させました。ダイニングセットは、掃除の手間から手放すことに。テーブルは重い木製で押し引きが面倒、椅子は細工が細かくてホコリが溜まり、拭くのも大変だったのです。座卓に置きかえたら掃除が劇的にラクに。嫌いだった掃除機がけが好きな作業に変わったほどでした。

そして2016年夏、ソファと座卓も手放しました。くつろぎの家具＝ソファ、食事用の家具＝座卓と、別々に持っていたモノをひとまとめしたい、より広々暮らしたい、と考えたのがきっかけです。代わりに選んだのは通常のダイニングテーブル（高さ70㎝）よりも低い、高さ66㎝のテーブルと、くつろぎ感のあるアウトドア兼用のハイバックチェア。高さを抑えた家具は、空間に広がりを見せ、ゆったり感をもたらしてくれます。また両方とも折りたたみ式なので、コンパクトにたたんで収納すれば、本当にがらんどうなスペースとして多目的に使える部屋になりました。

ダイニングセットって、あって当然だと思ってました

ダイニングセットにソファ、ローテーブル。一般的なLDの家具を当然のようにそろえていました。

2014年

2015年

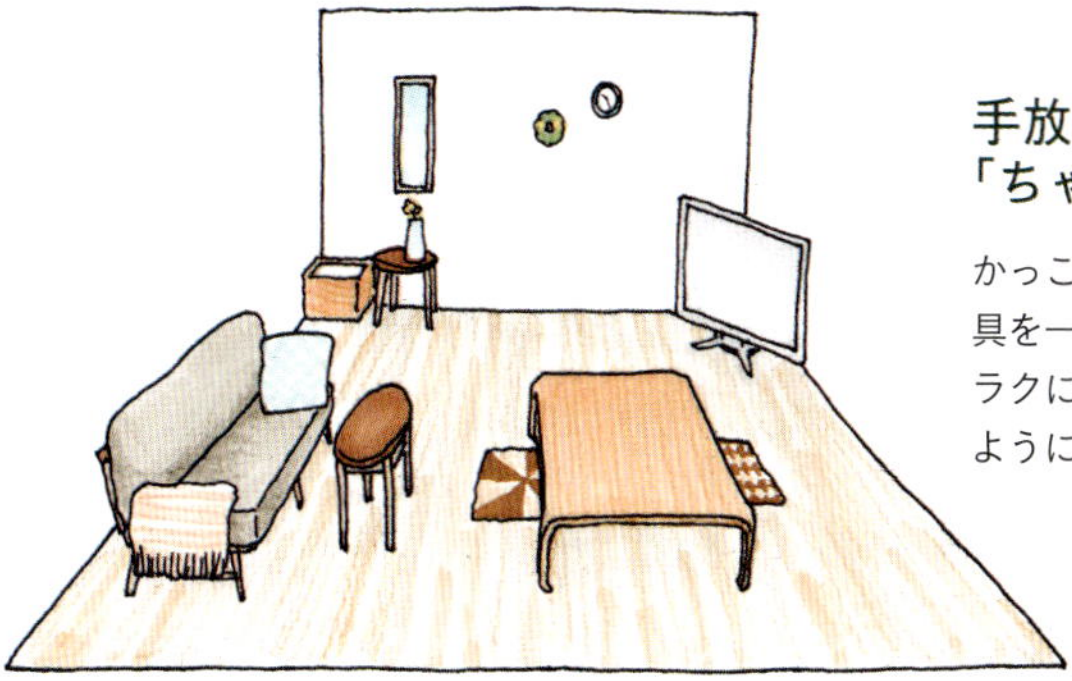

手放したら掃除が超ラクに「ちゃぶ台＋座布団」時代

かっこいいけど掃除が大変！な家具を一気に断捨離。掃除はうんとラクになり、床壁も広く見渡せるようになりました。

軽くて折りたためるアウトドア家具でもっと広々

ミニマルに収納できるアウトドア家具にアップデート。食事用兼くつろぎ用兼作業用として三役こなし、ソファまでも手放せました。

2016年

収納家具

手放し方　世の中には「収納が足りない」と思っている人が多いので、引き取り先も現れやすい。まずは周りに声をかけて。

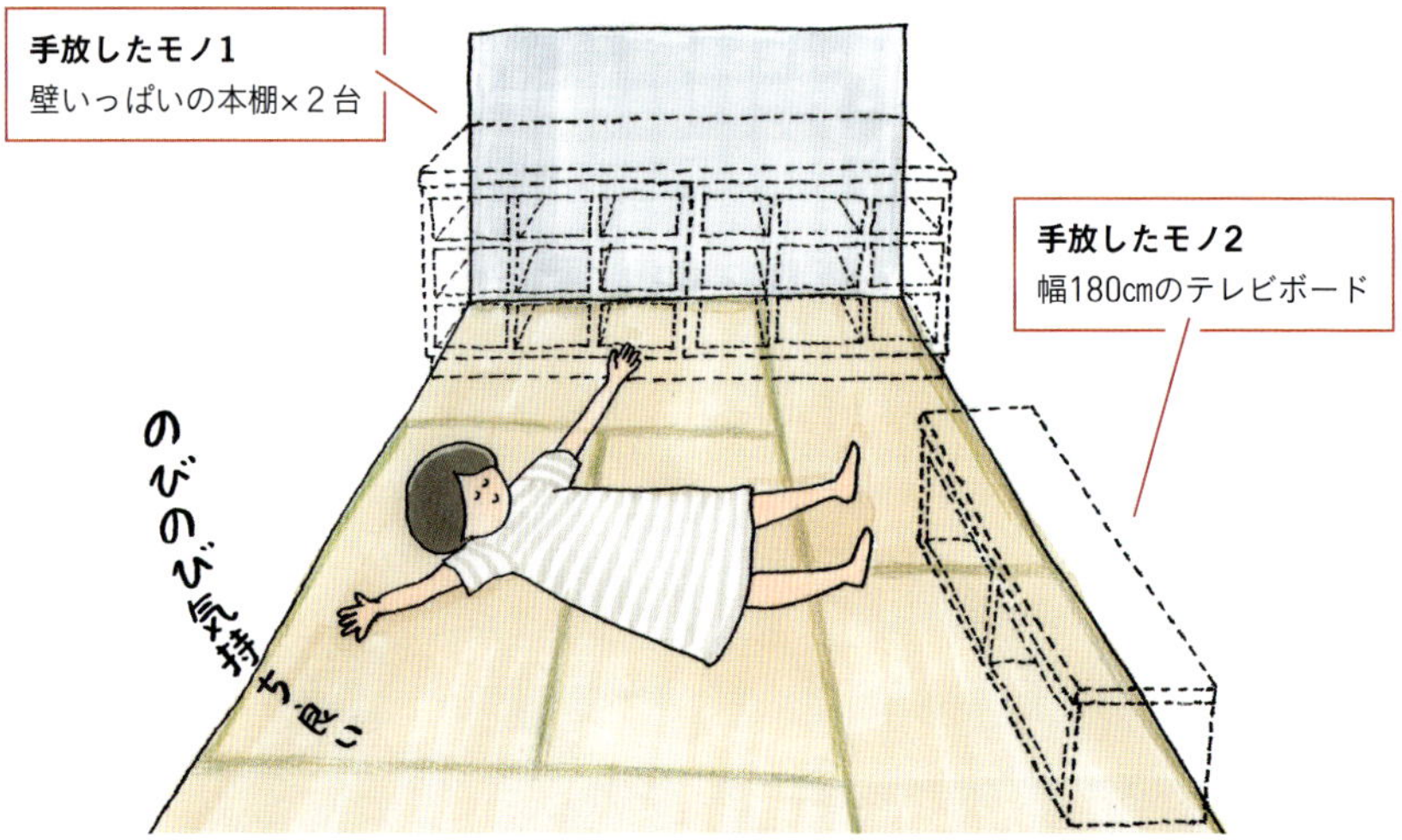
手放したモノ1
壁いっぱいの本棚×２台
手放したモノ2
幅180㎝のテレビボード
のびのび気持ち良い

収納家具を手放すことはモノの居場所を手放すこと

ダイニングセットの次に手放した家具はテレビボードでした。「テレビは床に直置きしてもいいのでは？」と試してみたら、見える床が一気に広くなり、想像以上にスッキリ。中に入れていたＤＶＤや化粧品も移動するか手放すかせざるをえなくなったので、こまごましたモノを厳選するいい機会になりました。

大きな本棚も手放して正解だったと感じるモノ。奥行きも空き、部屋がぐっと広くなりました。地震などで倒れる不安やそのために防災グッズを備える手間もなくなり、心も身軽。入れていた本は無印のラタンバスケットふたつ分だけ残し、ほか百冊以上は電子化しました。

テレビ

手放し方　メーカーや型番が明確なのでネットオークションで売りやすい。リサイクルショップより高価に手放せる確率高。

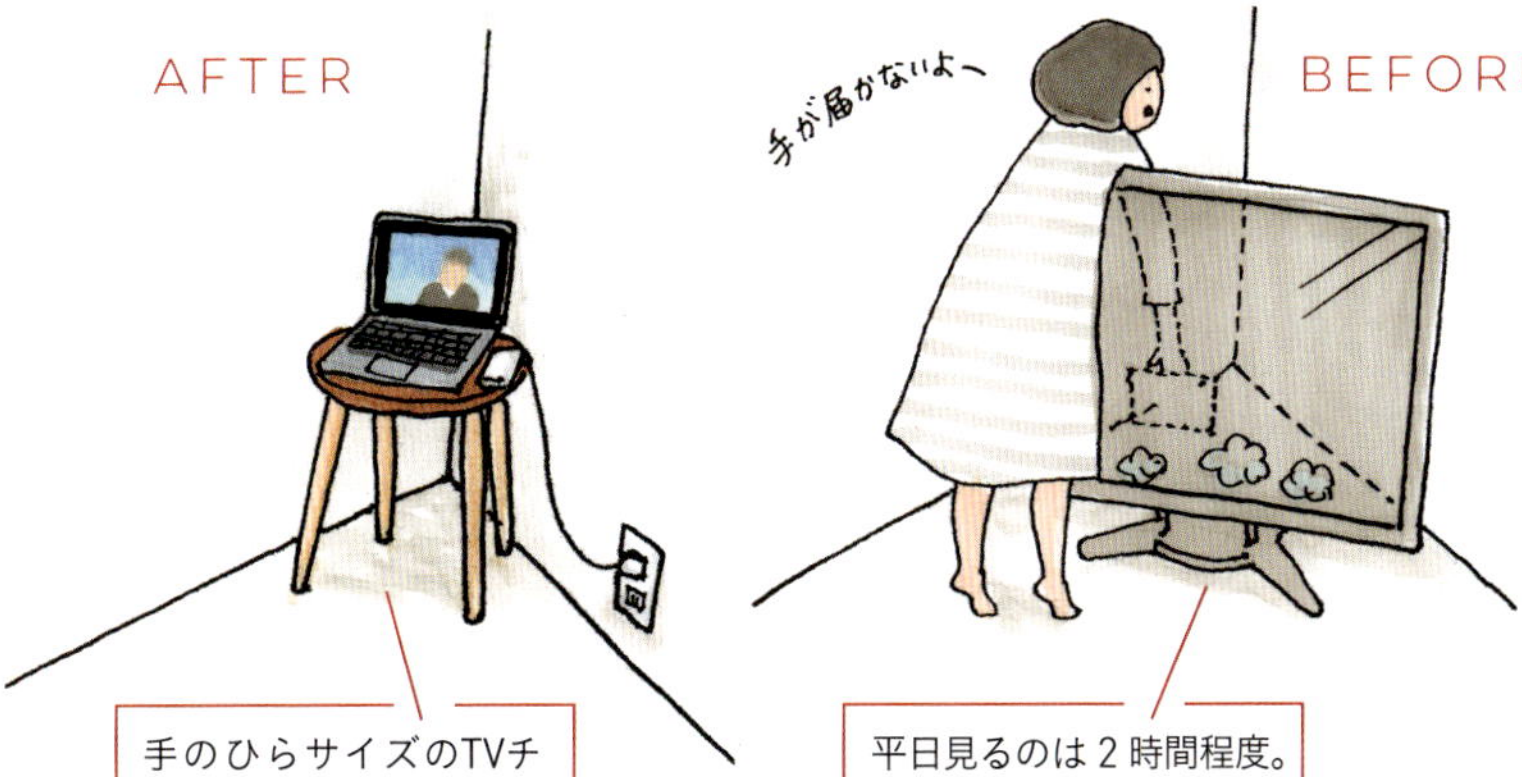
AFTER
BEFORE
手が届かないよ〜
手のひらサイズのTVチューナーがあればパソコンで見られる。場所をとらず移動も掃除もラク！
平日見るのは２時間程度。使用頻度の割に大きくて場所をとっていて、掃除もしにくい

「大きな黒い塊かたまり」がなくなると部屋が明るくなる

テレビはやはりあった方が便利な気がして、最近まで長らく所持していました。しかし日中は外に居ることが多いので、平日つけるのは2時間ほど。稼働時間のわりに場所をとるし、裏に溜まったホコリが見えてはいるのに掃除しづらく気になっていました。壁掛けすることも考えましたが、「そこまでするほど必要か、大きな黒いかたまりが移動しても圧迫感は変わらないのでは？」と思い手放すことに決めました。

今はノートPCにテレビチューナーを接続し、必要なときだけ見ています。録画もできるし、なにより床掃除が劇的にラク。見えない場所でも汚れている気配と暮らす不快感がなくなりました。

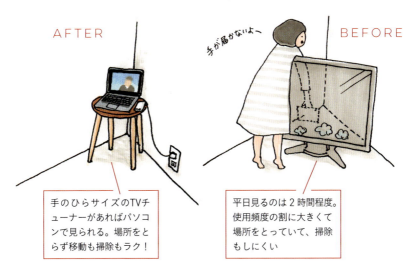

寝具

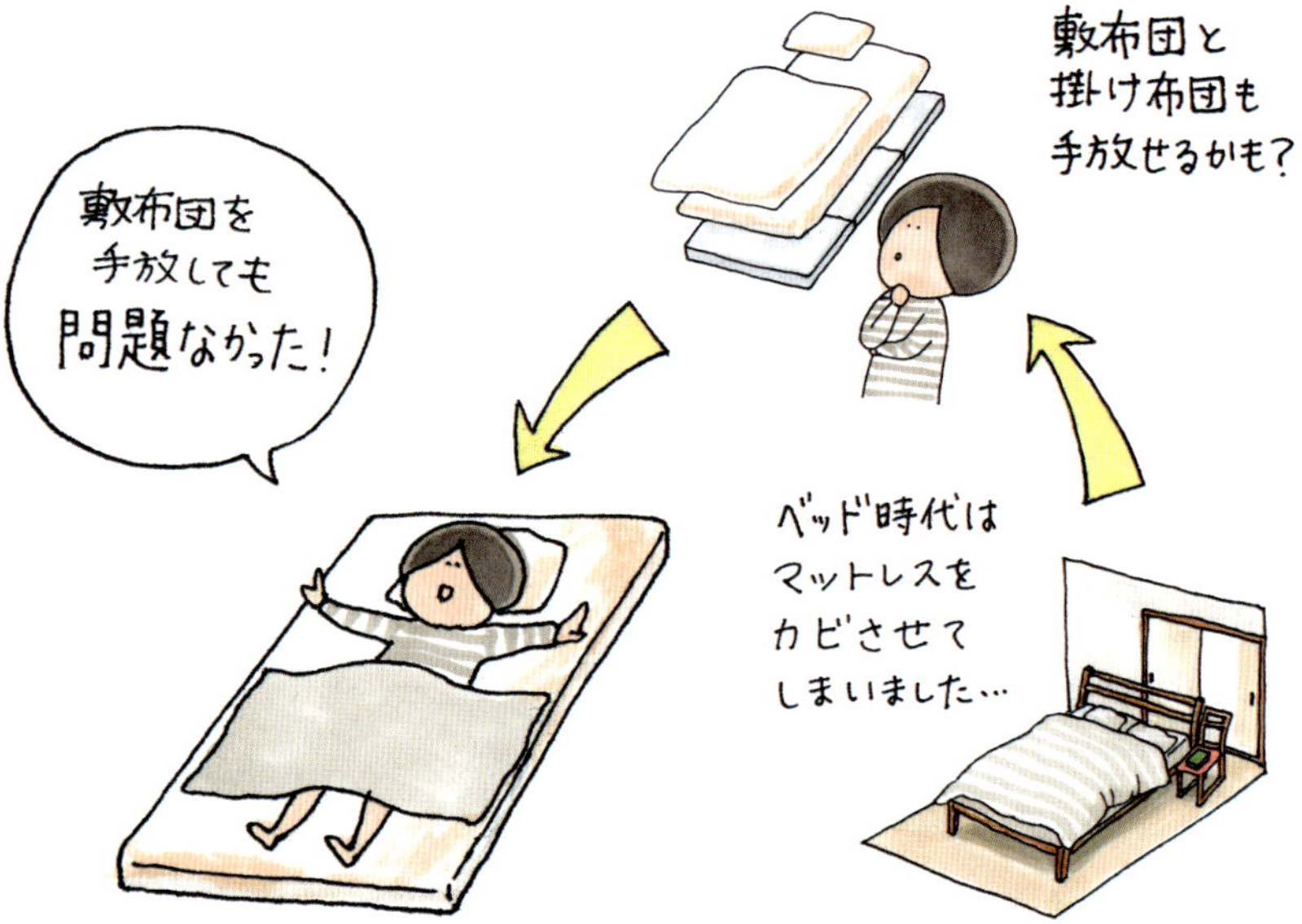

ベッドも敷・掛け布団も手放し 寝室を第二のリビングに

ベッドは手放してよかったものナンバーワン。マットレス干しが億劫で、マットレスをカビさせてしまったことのある私には手に余るモノでした。ベッド下の掃除などしたいけどしにくい家事のプレッシャーからも解放されたし、部屋がぐんと広く使えるようになりました。

そして和室に布団を敷く生活に慣れてくると「この布団がなくなれば、和室をもっと多目的に使えるのでは」と思うようになりました。手始めに敷布団をどかし、その下に敷いていた三つ折りマットに直接シーツを掛けて寝転ぶと、腰も痛まず十分でした。さらに掛け布団も見直すと、夏はタオルケットさえあればいいし、冬は暖かい寝袋（シェラフ）があれば快適。しばらくはこのスタイルに落ち着きそうです。

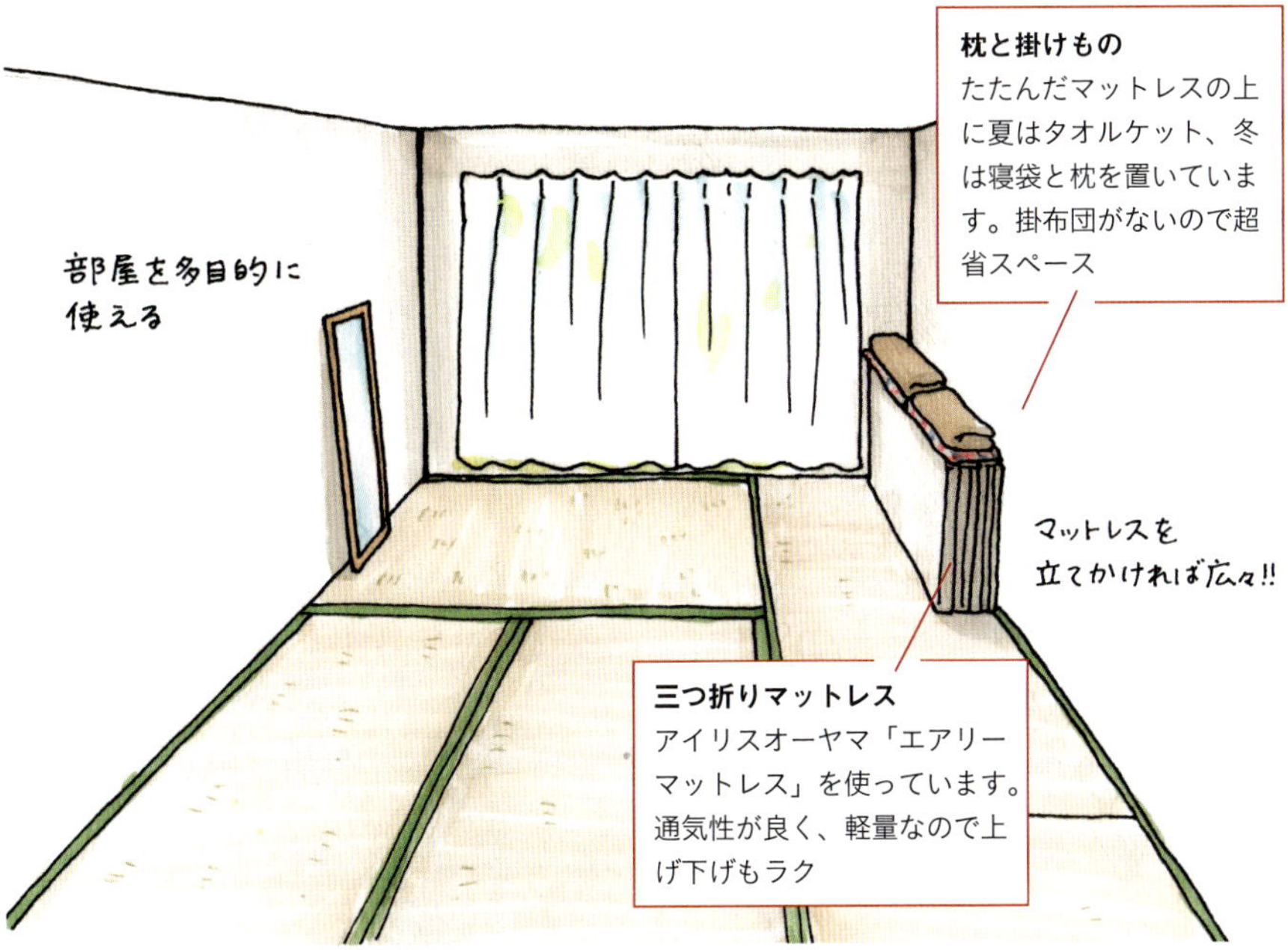
部屋を多目的に
使える
枕と掛けもの
たたんだマットレスの上に夏はタオルケット、冬は寝袋と枕を置いています。掛布団がないので超省スペース
マットレスを
立てかければ広々!!
三つ折りマットレス
アイリスオーヤマ「エアリーマットレス」を使っています。通気性が良く、軽量なので上げ下げもラク

置き方　畳1/4分以下（70×40cm）に収まるので、立てかけておいても目障りになりません。今までは畳と押入れで倍以上のスペースを占拠していました。

春秋冬

シェラフ（寝袋）＋マットレス

車中泊の旅ではおなじみだった、暖かさも寝心地も満足のスタイル。寝袋＝アウトドアという概念を捨てました。寝袋はコールマンのスリーピングバッグを使っています。

夏

タオルケット＋マットレス

敷布団代わりにマットレス、掛け布団は使わずタオルケットのみ。以前は年中使える掛け布団がありましたが、実際は寝ているうちに追いやっていることが多かったのでタオルケットに。

趣味のモノ

「いつかやろう」のプレッシャー 解放しても、いいんじゃない？

趣味のモノを手放すのは、ハードルが高いと感じたことはありませんか？「この趣味を始めたら自分が何か変わるかも」。そう思うから簡単には捨てられない。まだ見ぬ新しい可能性を、手放すようで不安なのです。

でも思い出してみてください。どれも買ったその日がいちばん情熱があったのでは？二、三日経っても手をつけず、ずっとそのままのモノはありませんか？だとしたらそれはもう持つ必要がないモノたち。興味が次へ移るのはよくあること。それを認めていいのです。自分で自分を不自由にすることはありません。

「使わないのに持っておく」モノは、視界に入るたびマイナスの影響を与えます。革クラフトなら、ハギレが「作ってよ」と誘ってくる。英会話教材は「せっかく買ったのに勉強しないの？」と呼びかけてくる。休みのたび、視界に入るたびに「それをやらねば」と思ってしまう。それってすごく重荷です。「やらなきゃ、でも疲れているからまた今後」「手放すべき？いや、時間ができたらきっとやる」と、目が合うたびに言い訳するのは、意味なく自分を苦しめること。そんなことをする必要はないのです。

私は何年も放置していた木工ろくろの木材を手放して心底スッキリしました。休みの日、あれをやらなければと考えることがなくなり、好きなことをすればいいんだなと思えるように。「積ん読」ならぬ「積ん材」のプレッシャーから解放されて、心が軽くなりました。

積ん材のプレッシャーから
解放されて
心が軽くなりました
木材・ハギレは
クラフト好きの友人に
譲りました
いつか何かを作るかも…と
とっておいた布・ハギレ・レース
資格を取ろうとして
何年も放置していた
テキスト
荷物が多すぎて
フットワークが
重くなっていました

COLUMN　ミニマリストの防災ライフ

「命より大事なモノはある?」安心のための3ステップ

熊本の震災があってから、防災についてますます考えるようになりました。日頃から無駄なモノ、危険なモノは持たない暮らしを心がけていますが、モノが少ないだけでは安心とは言えません。部屋作りにおいて、防災の視点が足りていなかったと反省しました。

インスタグラムやブログを通し、たくさんの方から貴重なコメントもいただきました。すぐ実践したのは上の絵「おやすみセット」です。小さなトートにメガネ、懐中電灯、耳栓、スマホ充電器、携帯ラジオを入れ枕元に備え、すぐ持ち出せるので安心です。コンパクトなので普段は押入れにしまっています。

凶器になるモノを減らし命を守るモノを持つことが大切。ミニマリストなりの安心できる部屋作りをしていきたいです。

1。モノを減らす

モノを最低限しか持たないことは、安全な足場確保にも役立ちます。
こまごましたモノだけでなく、大型家具や家電なども
積極的に手放す検討をしてみましょう。

キッチン

頭より高い位置の吊戸棚は移動や処分を検討して

ホットプレートや大皿など、落ちてきたとき危険なモノを吊戸棚に入れていませんか？ 使用頻度が低い台所道具は、比較的取り出しにくい吊戸棚に収納する傾向があります。しかし、重いモノや割れモノは、落下したとき大変危険です。低い位置の収納へ移し、今そこにあるモノは整理しましょう。わが家は一升瓶を見直しました。

寝室

落下転倒ゼロが理想 できればたんすも手放して

1日の1/3を過ごす寝室。落下や転倒のおそれがあると安心して眠れません。頭上に置いてあるモノは、おろして飛び出さない場所へしまいましょう。

たんすも固定し転倒防止。できればたんす自体を手放すか、別室に移動できるとベターです。整理が進まないときには「命より大事なモノが入っているか？」と問いかけてみましょう。

2。今あるモノを工夫する

生活に必要なモノは、できるかぎり安全な素材、
状態にアップデート。なにげなく置いていたり
素材に注意せず選んだモノを見直そう。

照明

**むき出しの電球は避け
シェードは割れにくい素材に**

裸電球の無骨な雰囲気。インテリアとして似合う部屋もありますが、大きく揺れたときぶつかって割れる心配が。傘付きの照明も電球部分がむき出しであれば同様の不安が残ります。

天井照明を見直すなら、しっかり固定されているシーリングライトや和紙素材のものなど、万が一落ちても危なくないシェードのアイテムを選びましょう。

家具

**倒れる危険があれば
軽いモノでも必ず固定**

大きな家具はできるだけ手放すのが理想ですが、どうしても必要なら固定。姿見などは「壁美人」という固定具で留めることをおすすめします。これは壁が石膏ボードならホッチキスだけで取り付けられ、正しく使えば地震のときにも外れることがないそうです。傷がほとんど残らないので賃貸にも使え、10kgまで置ける棚用や壁掛けテレビ用もあるようです。

3。命を助けるモノは持つ

非常時にあると命を助けるモノは、
たとえミニマリストでも積極的に持つべきだと思っています。
不要なモノをなくしたからこそ、こういった余裕が生まれます。

ライフライン

最低限の熱源と女性の身を守る色の服

ガスコンロとボンベは、電気もガスも止まったときのために所持しています。アウトドアなどで使うたびに不調がないかも点検します。

また、女性には「女性らしくない色」の服を備えておくことをおすすめします。赤やピンクは避け、黒や紺など地味な色を選ぶことで性犯罪から身を守る工夫にも役立ちます。

食糧

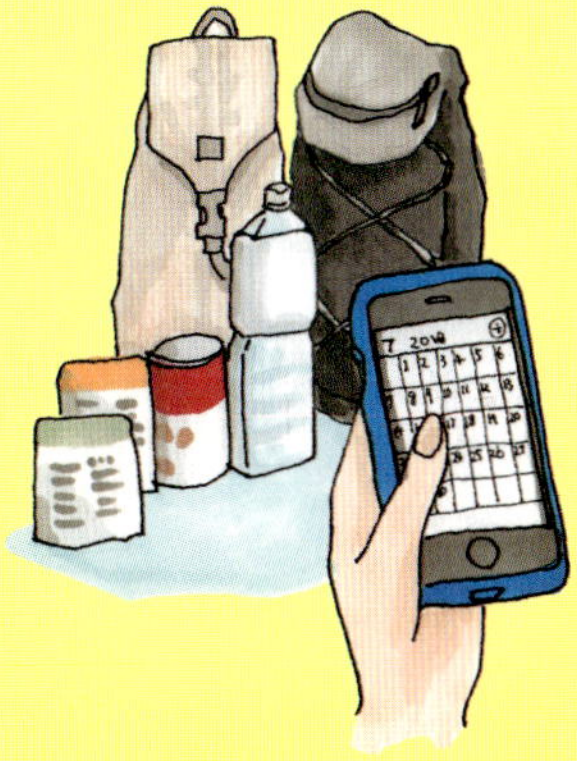

食糧ストックの消費期限はウェブカレンダーで管理

非常用持ち出し袋をバックパックに常備しています。年に1度は中身を出して点検しますが、いつまでももつ気がしてしまう非常食も消費期限があるので必ずチェックしましょう。

私はグーグルカレンダーで管理しています。消費期限を入力し、その数日前にメール通知が来るよう設定。使えなくなる前に忘れず対応ができて便利です。

ESSAY
#01

身軽になりたい理由はなに？

ミニマルな暮らしに憧れて、片づけや断捨離を始めたはずがなかなか続かず断念する人がとても多いように思います。それは、「なぜそうしようと思ったのか」というおおもとの目的がリアルに描けていないからではないでしょうか。片づけや断捨離をした先で、自分がどう生きたいのか。目的の洗い出しをしてみましょう。

私は「最近、妙に運が悪いな」と思ったとき、掃除が行き届いていないと運気が下がるらしいと聞きました。そこで、［目的・夢：運気を上げたい］［目標：毎日掃除したい］と設定。そう考えると部屋にモノが多すぎて掃除がしにくい、ならば掃除しやすいようにモノを減らそう、と行動を始めたのでした。当時は、それくらいツイてないことが続いたし、そのせいで心身ともに疲れ果ててしまっていました。なんとかしたい。それが燃える炎のように強烈な目的になったとき、片づけも断捨離も息切れする予感がしませんでした。

「夢の状態の自分は、これ（目の前のモノ）を持って暮らしているかな？」と考えてみると手放す答えが見えてきます。

CHAPTER

2

常識よりも「正直」を大切に

ミニマリストの収納術

収納はがんばる必要ナシ

少ないモノで暮らせば
探し物をする時間が人生から消える

モノがたくさんあった頃は、常に何かが出しっぱなしになっていました。どこにしまっていいかわからない、しまっても収納の中はぎゅうぎゅうで探しにくい、探しにくいとすぐに使えずイライラする、それよりは目に見える場所に出しっぱなしの方が便利……。そんな行動の繰り返しは、次第に出しっぱなしの山を作り、今度はそこから探すことに。根本的な解決には、モノの減らすことしかないと気づきました。

雑誌などでよくある片づけ特集の記事を読むと、収納用品をあれこれ使ったしまい方の工夫が載っています。しかし、モノを減らせばそんな努力も要りません。なぜなら苦労せずともスペースに収まる量だから。収納の中にゆとりをもって入る量しか持たなければ、探し物をする時間が人生から消え去ります。少ないモノで暮らせば、収納をがんばる必要がないのです。

最低限のモノだけになると、どこに何があるかだいたい覚えていられます。それでももし心配ならば、モノの住所がひとめでわかる「収納マップ」を作るのも手です。わが家は押入れが唯一の収納。夫婦ふたりのさまざまなモノが集まっているため、情報を共有する意味でも収納マップを作っています。（P.76のポイント1）

モノが少なければ片付けに悩まない

究極にラクな収納の心得

あれこれ工夫も手放して
少ないモノをシンプルに入れる

モノが多かった頃は当然だと思っていた収納術も、今では不要になったことがたくさん。モノが減ると、それに付随する常識までなくせるのだと思います。ミニマリストになって初めてできるようになった、収納の心得を紹介します。

1 「収納」と「飾り」は分ける

「しまう」と「飾る」を同時に行っているつもりでも、日常的に使うモノと飾るモノが混在していると見た目も悪く、なにより掃除が面倒です。今となっては「見せるとしまうは別！」と過去の自分に教えたい。収納は収納として閉じた空間にしまいきるようにしています。

2 収納グッズを多用しない

収納ケースや突っ張り棒を駆使しても入りきらなかった頃は、自分に「しまい力」が足りないからだと思っていました。でもそれは勘違い。モノが多すぎれば入らないし、グッズを使わず済む方が出し入れの動作もシンプルです。収納グッズを増やすくらいなら、モノの量を減らすことを考えます。

3 風が通る量をキープする

私は掃除と運を結びつけて捉えています。ゆとりを残して収納すれば、掃除がしやすく空気がよどみません。モノを少なくしてからは、運気が停滞しなくなった気がします。

モノも少なくキープできる！
収納の3ルール

1

「収納」と「飾り」は分ける

インテリアとしてはおしゃれなイメージもありますが、現実的にはホコリが溜まり掃除が大変。すべてを退避させないといけないので、作業がとても億劫です。モノは極力、屋根や扉のある収納にしまった方がラク。そのためには、収まりきる量まで減らすべし。

2

収納グッズを多用しない

モノが少なければ工夫せずとも収まります。モノがあふれているのは収納の知恵や技術がないからではなく、単純にモノが多すぎるからかもしれません。わが家には便利な収納グッズも膝を打つような収納術もありませんが、きれいサッパリ収まっています。

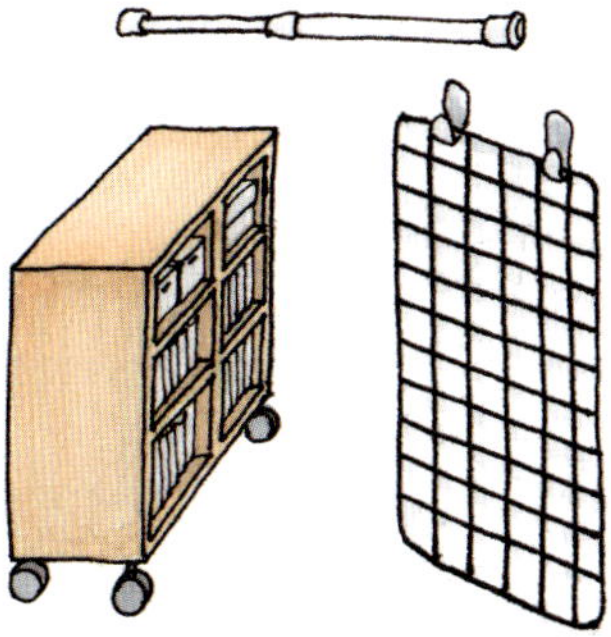

3

風が通る量をキープする

「運気は風と同じ道を通ってくるらしい」という話を聞いてから、風が通るくらいの余白を残して収納するようになりました。いい運気を運ぶつもりでモノを少なく保つと、スペースにゆとりができて出し入れもラク。いつ収納の扉を開けて見ても落ち着きます。

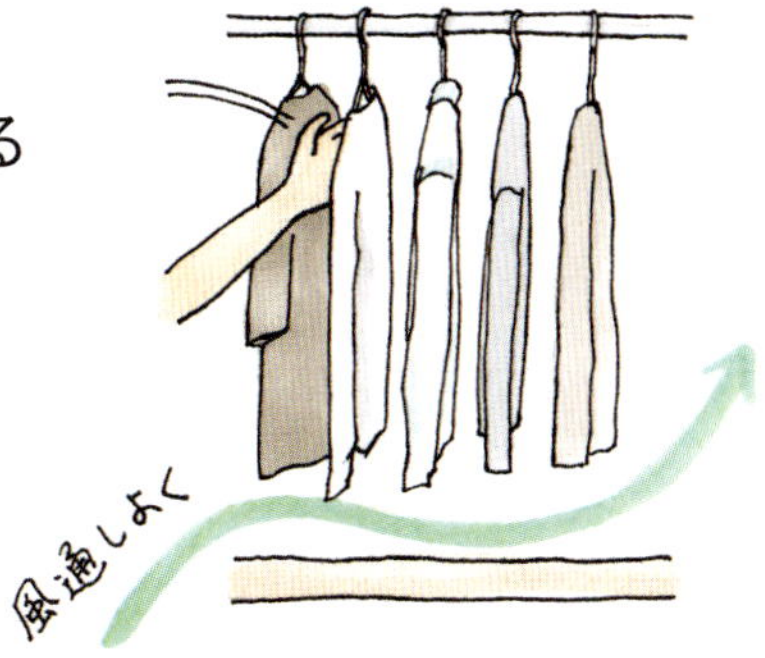

場所別 スッキリ収納術

リビング

残った収納は
カゴ1つだけ

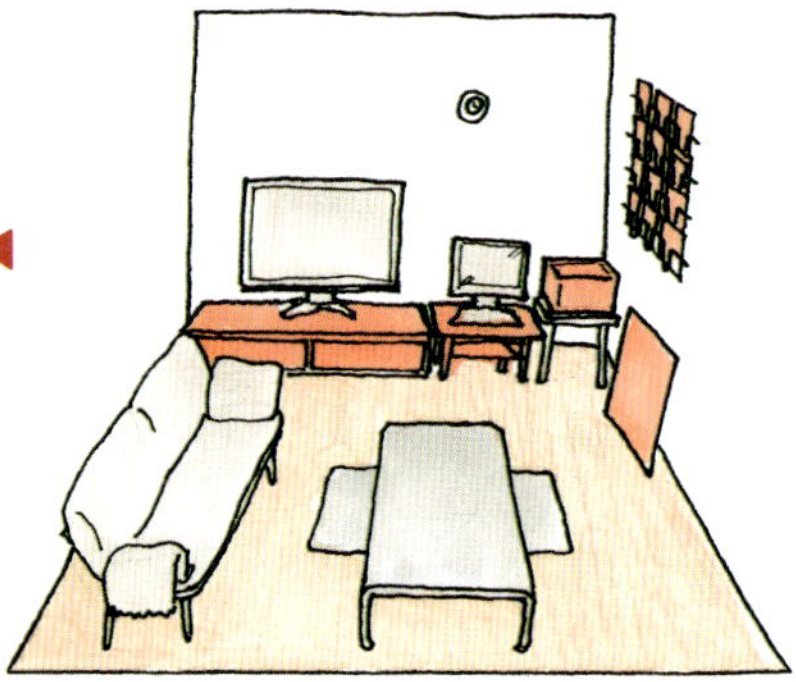

テレビボード、パソコン台、壁掛けのカードホルダー、目隠し用の写真を手放して…

くつろげることを第一に 大型収納は持ちません

リビングにはいろいろなモノが集まってきます。それらすべてしまおうとすると、収納家具がいくつあっても足りません。「使うのはリビングでも、しまうのはリビング以外」と考えてみてはどうでしょう。使うときだけ必要なモノを持ち込む、という考えです。

私はその発想でモノをひとつずつ移したり手放したりして、結果的に書類サイズのカゴひとつが唯一の収納。広々くつろげるようになったリビングに気持ちがほっこりするモノを飾ることで、心落ちつく部屋になりました。

まずは小さなモノから始め、入れていた収納家具に余裕が見えたら、その家具自体の断捨離を考えてみることをおすすめします。

リビングの収納はカゴひとつ

この部屋で常に使うモノはこれだけ

リビングにモノは常駐させず、基本的に「使うときだけ持ち込む」ように決めました。すると残ったのはカゴひとつ。インターネットのルーターやテレビチューナーなどコンセントの関係上ここにないといけないモノだけ残りました。普段はカゴに手ぬぐいをかけて目隠し兼ホコリ防止にしています。

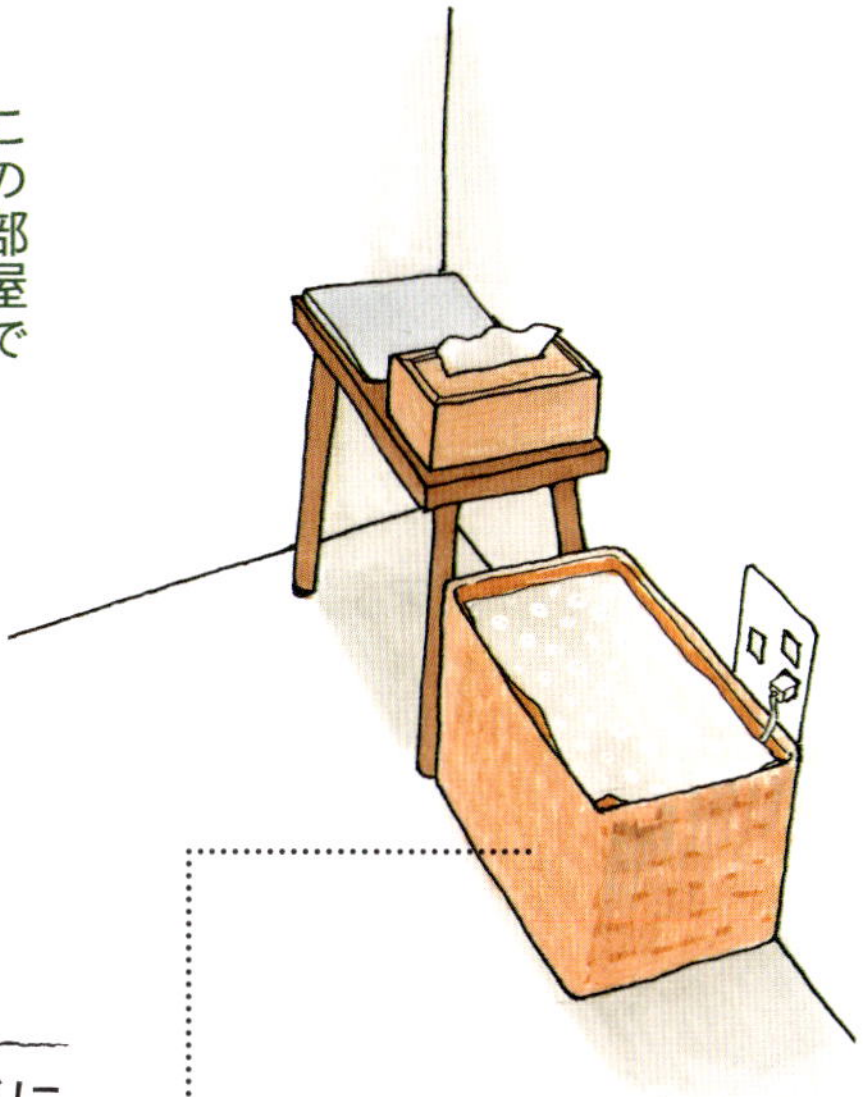

カゴはコンセントのそばにコード類をすべてIN

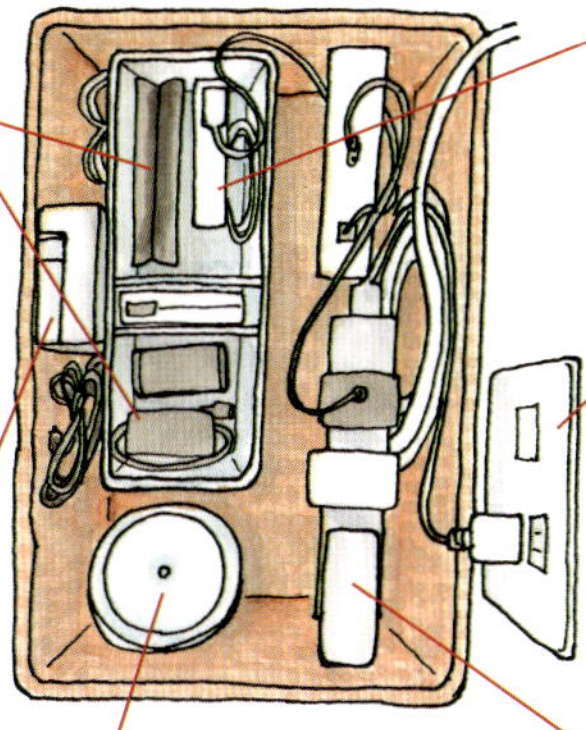

テレビチューナー
ノートパソコンでテレビを見るためのチューナー。ピクセラ「StationTV」を使用

モデムやデジカメ
百円ショップの収納ケース（仕切りあり）を使って機器類を収納。デジカメは充電器とセットにしておきたいのでここへ

コンセントのそばに置くため、必然的に部屋の隅。高さもないので空間の邪魔になりません

折りたたみデスクライト
絵を描くときにテーブルで使用するためここに

コンセント類
コンセント類はタップに集約

除菌アルコール
食卓のそばでもあるので、手やテーブルを拭く際ここにあると便利

キッチン（シンクまわり）

point 1
ほかの部屋で使うモノも収納

キッチンは備え付け収納の多い場所。ほかの部屋で使うモノもしまって有効利用

point 2
吊り戸棚には軽いものを

落ちてきたときに危ない割れ物や重いモノは頭より上の収納に入れない

point 3
調理台にモノを置かない

のびのび料理できることを第一に。水切りカゴをなくし、食器も収まりきる量に

キッチン収納＝キッチンで使うモノの必要ナシ

キッチンの吊戸棚に何をしまっていいかわからず、活用しきれていない時期がありました。「キッチン収納だからそこで使うモノしか入れてはならない」という固定概念があり、ここにはゆとりがあるのに他の部屋にモノがあふれているというアンバランスな状態になっていました。

あるときティッシュのストックをしまう場所に悩み、ここが空いているのを思い出しました。ティッシュはサニタリーまわりにしまうモノだと思い込んでいましたが、いざ収納してみたら何の不便もありません。それからは固定概念にとらわれず、シンク上下の備え付け収納を有効活用するようにしています。ただし頭上の吊戸棚には割れないモノ、軽いモノのみをしまうようにしています。

シンク上の吊戸棚

キッチン以外のモノも積極的に収納。ただし万一落ちても危なくないモノ。キッチンが家の中心にある場合、ティッシュのストックなどは各部屋への補充がスムーズで便利

調理台の上

洗濯機の部品や家電の空き箱など。水まわり収納が狭かったり納戸がない場合もキッチン収納を柔軟に使って

コンロまわり

毎日使う鍋とフライパンだけひっかけ収納。レンジフードにS字フックで掛けるだけ

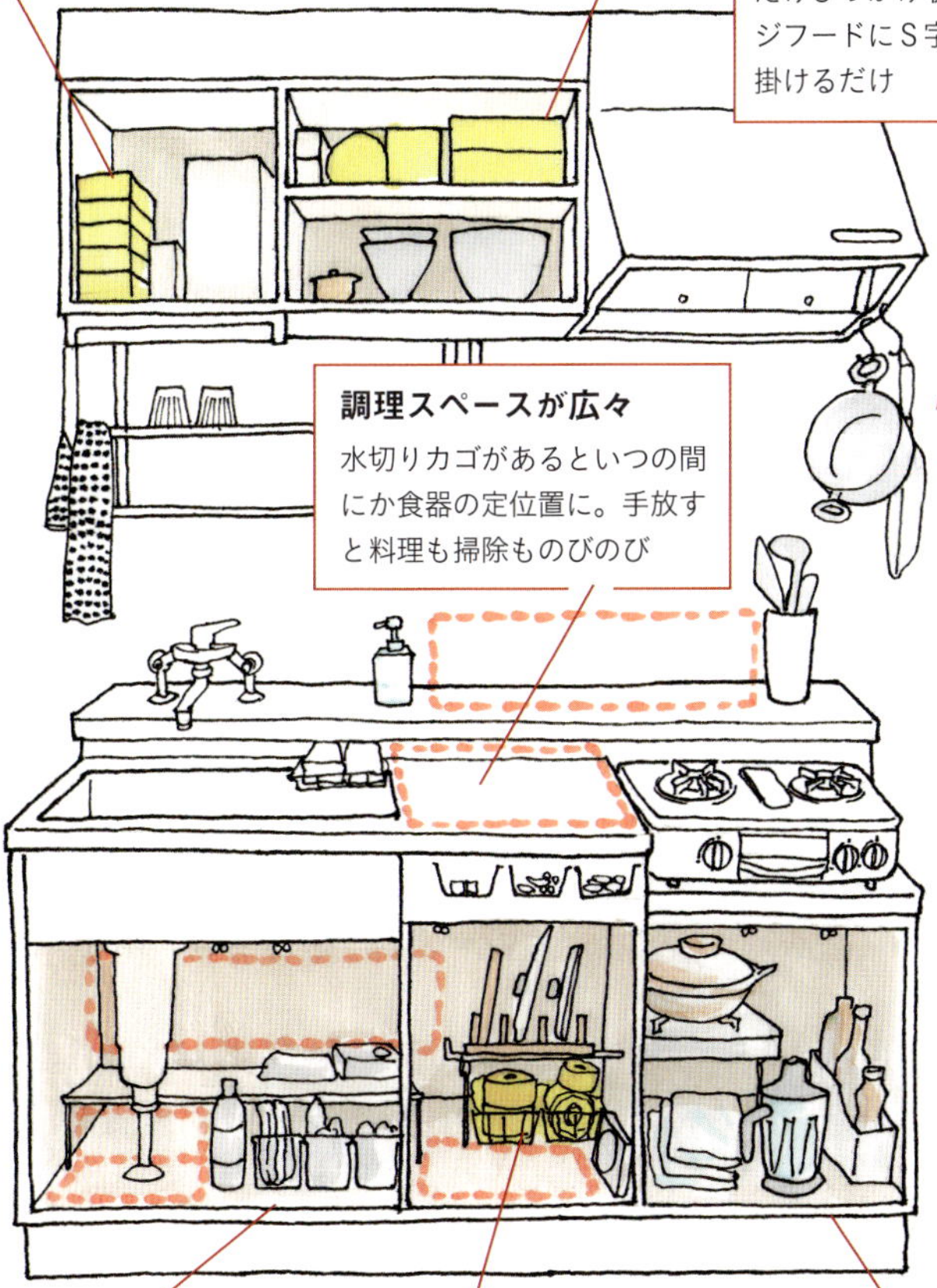

調理スペースが広々

水切りカゴがあるといつの間にか食器の定位置に。手放すと料理も掃除ものびのび

シンクの下

詰め込まず、ゆとりをもてばカビ防止にも。布巾やゴミ袋、漂白剤など

調理台の下

上段は鍋フタを立てて収納。下段はガムテープやビニール紐などの梱包材

コンロの下

油や調味料はキッチンの上に出し置きせずしまいきる。容器に油汚れが付かず掃除もラク

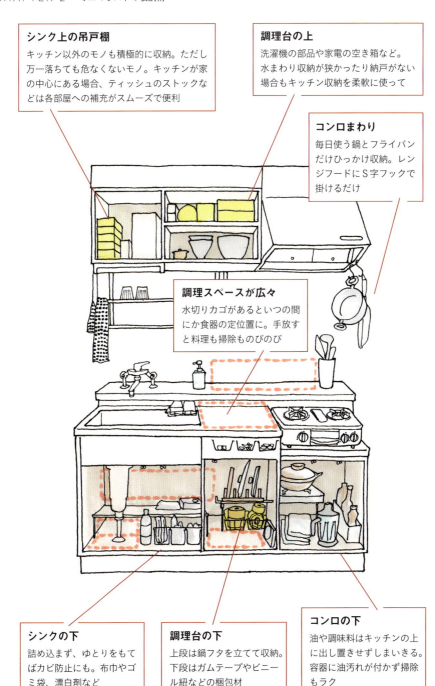

キッチン（棚まわり）

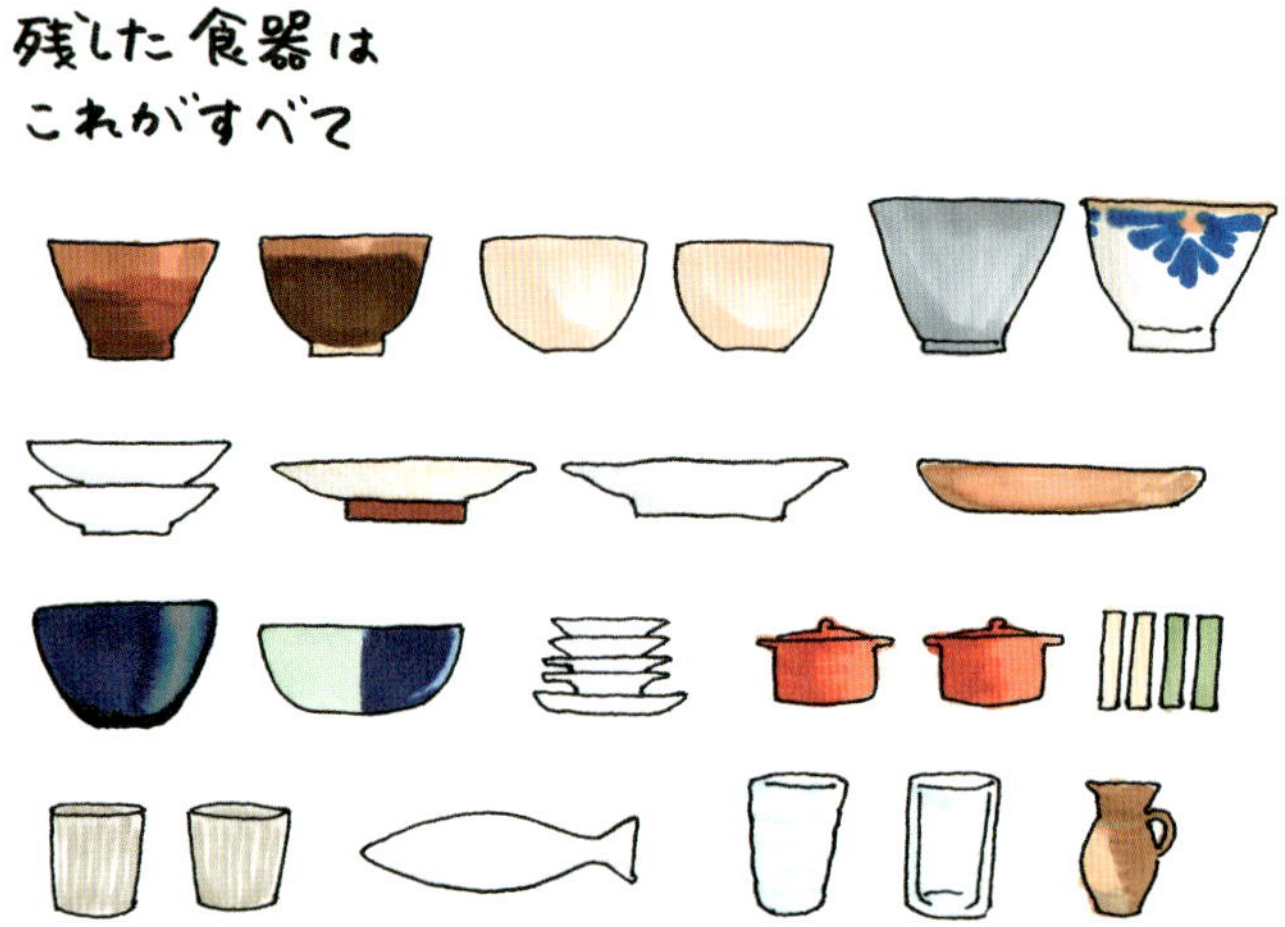

最小限の食器なら
保管スペースもこれだけで済む

大きくて重い食器棚は持っていません。代わりに使っているのが「コンポニビリ」。普通はリビングや書斎のこまごまとしたものをしまう収納ですが、わが家ではこれが食器入れ。日常の器も来客用も、すべてをここにしまっています。

コンポニビリを食器収納にして良かったことは、「ここに入る分しか食器を持たない」と心が決まったこと。食器の断捨離後、試しに入れたらちょうどぴったりだったので、「ならばこの量をキープしよう」と思えました。

便利な家電は、所持するのが負担にならない範囲で持ち、そのぶん自由な時間を得たいと思っています。今あるのはレンジ、炊飯器、トースター、湯沸かし器。カゴに収めたストック食品とともにスチールラックに置いています。

コンポニビリが食器棚
デスク周りなどで小物収納に使われる三段収納を食器棚代わりに。大型収納がないと部屋が広々、引っ越しも身軽にできる
揺れ落ち防止
耐震マットを敷いてすべりや揺れ防止
タブトラッグスのバケツ
缶詰や出汁パックなど乾燥系食品はカゴにまとめる。調味料はすべて冷蔵庫へ
スツールにのせる
スツールにのせてちょうどいい高さに。慌ただしい調理中もサッと取り出せます

洗面所

point 1

洗面下はほぼカラに

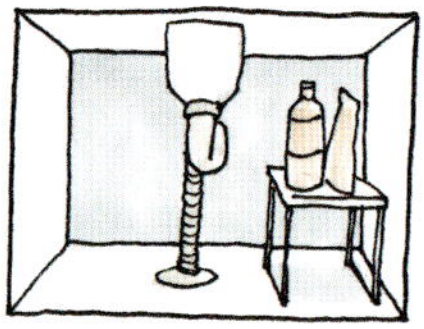

湿気が溜まりやすくカビが心配な洗面下は“あってないもの”くらいの感覚で

point 2

下着類もここだとラク

脱衣所のそばに下着収納があれば、着替えも片づけもここで完結

point 3

家族にも場所を覚えてもらう

使いっぱなしになりがちな場所。定位置を決め家族にも片づけ習慣を

下着収納はここが便利 洗面台下はほぼカラです

洗面所はお風呂とも近く、湿気が溜まりやすい場所です。わが家の洗面台下は湿気の心配から、極力空けて風通りよくしています。

洗面台と壁との隙間には無印のファイルケースを重ねて下着を入れています。下着がここにあるとお風呂あがりに裸でうろうろする心配もありません。押入れの衣類収納はこの分空き、洗面所のデッドスペースも活用できます。また、この収納ケースは一つひとつバラバラの箱なので、今後引っ越したりしてもフレキシブルに使えそうです。

タオルはオープン収納ですが、色をブルー系で統一しスッキリと。バスタオルとフェイスタオルを兼ねるサイズにきりかえたことで、その分収納スペースを節約できました。

オープンラック

タオル類は濡れた手でも出し入れしやすいオープンラックに。その分、色を統一し、見えても清潔感があるように

カゴ収納

スタイリング剤や化粧水などラベルのうるさい化粧品や背が高く存在感のあるモノはカゴにまとめる

鏡横の棚

椿油やワックス、くしなどカゴに入れると取り出しにくい化粧品類はここへ

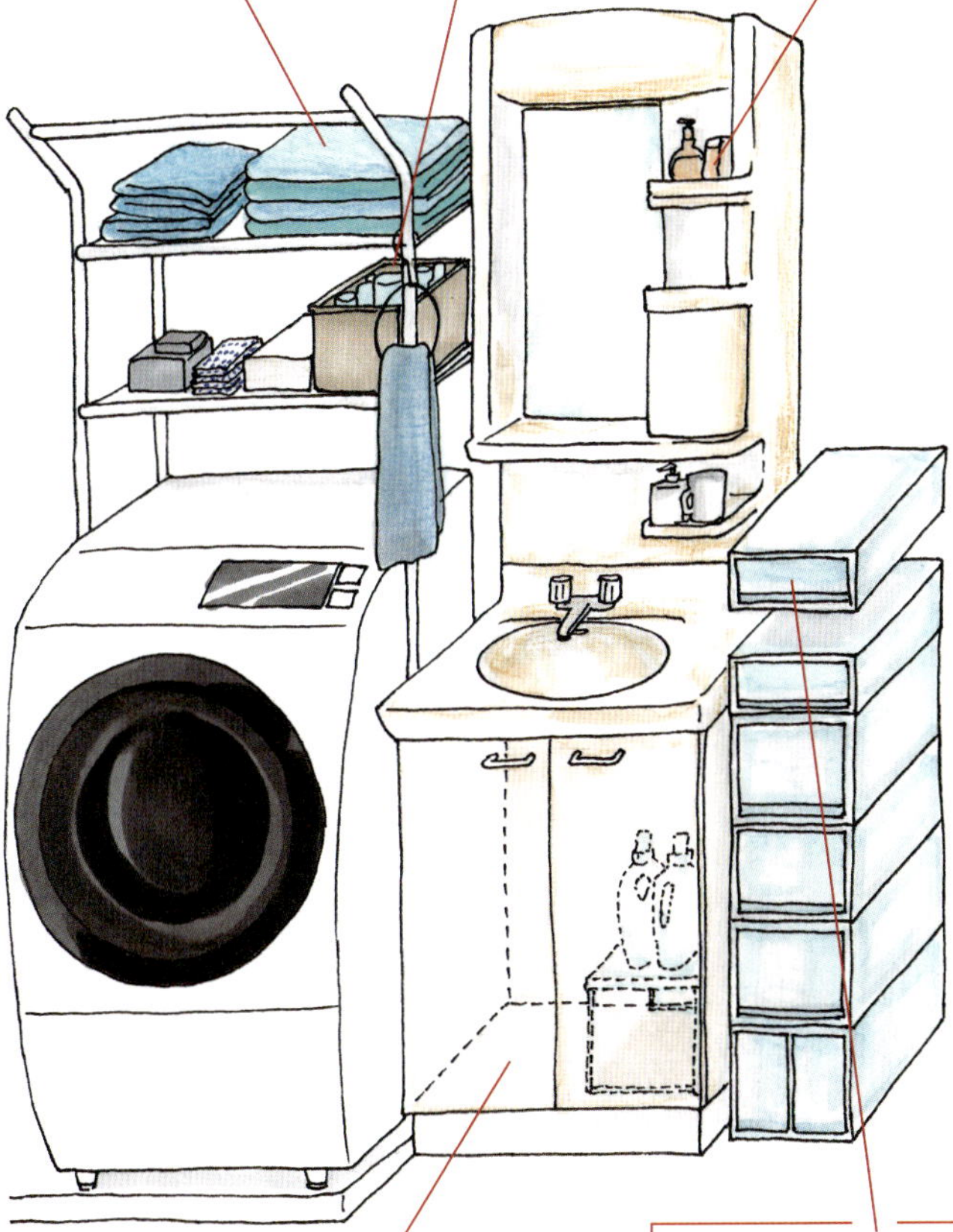

洗面台下

湿気が溜まりやすいのでほぼカラ。コの字ラックに洗濯用洗剤のみ置いています

下着収納

洗面台と壁の隙間のデッドスペースを利用して。家が変わってもフレキシブルに使えるよう、ケースはひとつずつ解体できるもの

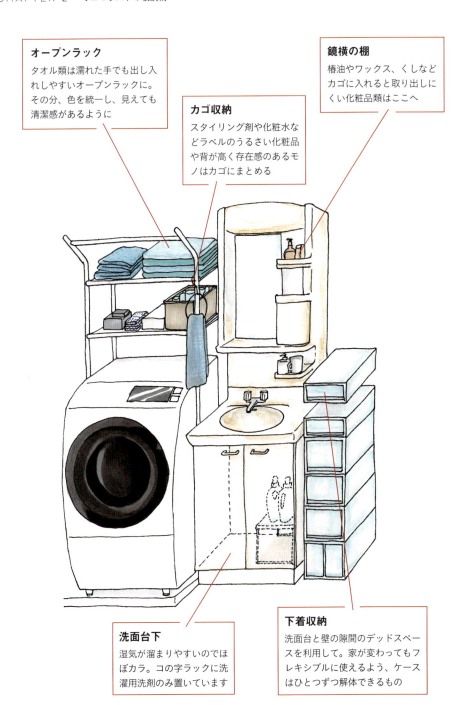

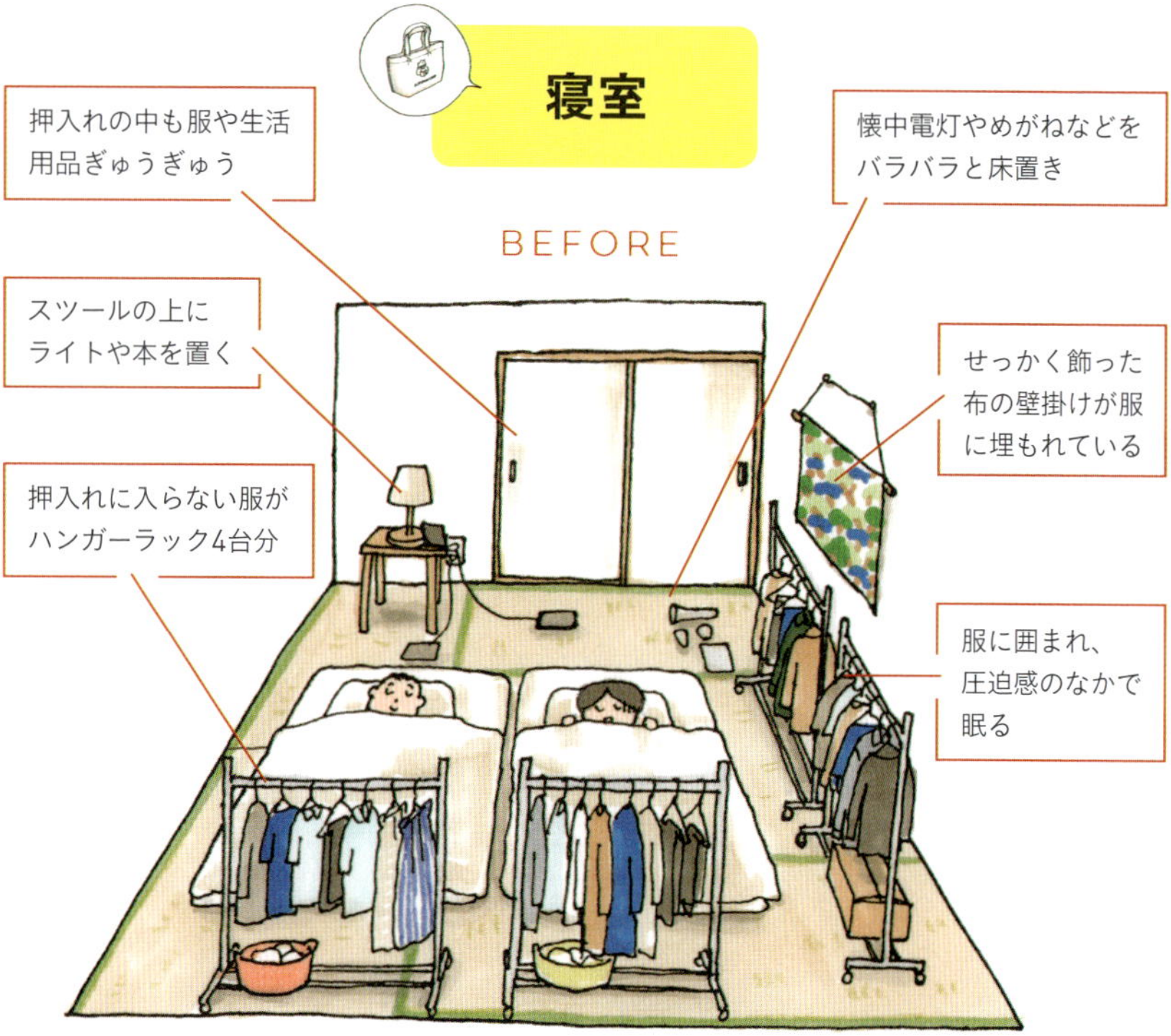

服は押入れ＋ハンガーラック 圧迫感ある寝室でした…

以前は服を買うことが楽しくて、夫婦ともに衣装持ち。押入れいっぱいに収納しても入りきらず、ハンガーラックを4台そろえて、壁一面と窓側をずらりと埋めていました。目線の先はいつも服。寝ていても囲まれ感が強く、目を閉じた後もなんだかソワソワ。安眠できない部屋でした。

断捨離を決めたのは安全な寝室にしたいと思ったから。押入れは、中でモノが倒れることはあっても戸を破って出る心配は低いと聞きました。逆に、倒れる危険のあるハンガーラック、モノがのったスツールなどは見直す必要があります。そこで、服だけでなく季節外の靴や家電もすべて押入れに収める状態を目指し、部屋に出ているモノの見直しを始めました。

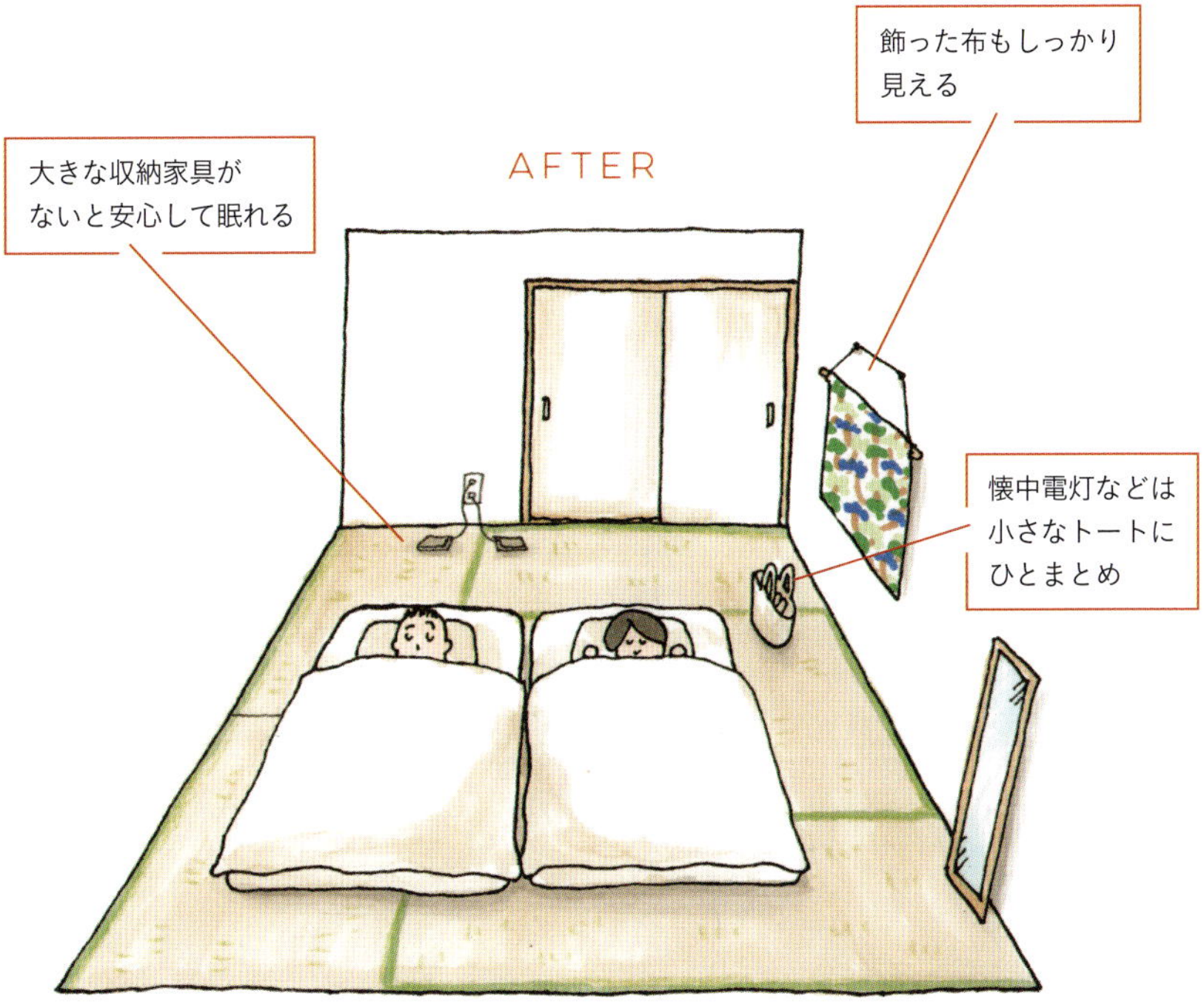
飾った布もしっかり
見える
AFTER
大きな収納家具が
ないと安心して眠れる
懐中電灯などは
小さなトートに
ひとまとめ

すべてのモノを押入れに
床壁スッキリで安眠できるように

「倒れてくるモノが何もない部屋で眠りたい！」という思いが強い原動力になりました。大変だったのは服の断捨離。押入れの中段に夫婦二人分を吊るし、ここに入る以上は持たないことに決めたため、主人にもだいぶ協力してもらいました。おかげでハンガーラックごと手放すことができ、圧迫感のない部屋に。

押入れは奥行きが深いので、使いようによってはとても便利なことも痛感しました（次のページで詳しく説明します）。ほかにも床に出しっぱなしにしていた懐中電灯などをトートにまとめて「おやすみセット（P.56）を作るなど、足場でも安全確保。安眠できる部屋になりました。

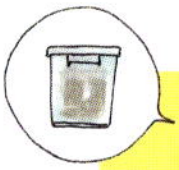

押入れ

point 1

収納場所を記録する

押入れの中を撮影し、どこに何をしまったか収納場所を記録する

point 2

ジャンル別にスペースを決める

収納の中で、それぞれのモノを入れるスペースの上限を決めておく

point 3

上限を超えたら手放す

上限を超えたら手放す。本なら電子化、服なら売却などがおすすめ

服、本、小物すべてここ 風通しよく清潔な収納です

わが家には収納家具がほとんどないので、押入れは唯一といっていいほどの収納場所。奥行きの深さを利用してとても便利に使っています。

上段は比較的使用頻度が低いモノ、中段は夫婦二人の服通年分、下段は季節外の家電や小物を収納。以前は布団もしまっていましたが、手放したことで空きができ（P.52）、そこへ本棚に入れていたモノをすべて移動。本棚自体も手放すことができました。

また、2ヵ月に一度は中を点検。拭き掃除をしながら、モノが増えすぎていないか、風通しのいい入れ方を保てているかなどを確認します。服と服の間はスッと手が入るくらいが目安。生活や季節の変化に合わせて使いやすいよう更新しています。

上段

踏み台などを使わないと届きにくい高さなので、使用頻度が低く、比較的軽いモノを。季節外の衣類や靴、冠婚葬祭のアイテムなど

中段

夫婦の服はここに収まる分だけと決めています。左が私、右が夫。点検のたび「最近この服着てる？」など確認します

本は無印のラタンバスケットふたつ分だけ

下段すのこ上

布団を手放して空いたスペース。以前は本棚に入れていた本や書類、アクセサリーなどをボックスごとにまとめて保管しています

下段ボックス

手前の衣装ケースにインナーや靴下、奥には季節外の家電やブーツを保管。奥行きの深さを利用して、使用頻度に合わせたグラデーションでモノを配置

玄関

運気は玄関
から入ってくる
らしい
たたきに何も
ないと掃除
しやすい

玄関収納御は靴箱のみ たたきには何も残さない

玄関はただでさえ限られたスペースなので、スッキリ保つよう心がけています。まず、たたきには一切モノを出さないこと。その日履いた靴は一晩汗を飛ばし、翌朝には靴箱にしまいます。

靴箱はかなり小さめですが、夫婦二人がそのシーズンに履く靴はここに収めきると決め、新調するときはその分何かを手放します。靴箱の中は週一回くらいのペースで掃除。これが習慣づくと、靴を少なく保つモチベーションになります。

また、靴箱の上は収納ではないのについついモノが溜まりがち。私はここに結界が張られているとイメージして、モノは置かず、美しく飾る場所にしています。朝出るときも帰ってきても、玄関がキレイだとホッと心が落ち着きます。

一時置きはスツールに

玄関脇にスツールを置き、荷物の一時置き場にしています。主に置いているのは仕事用バッグ。その中には最低限の荷物（財布と携帯）だけを入れた小さなバッグをセットし、オフのときにはこれだけをサッと持ち出します。

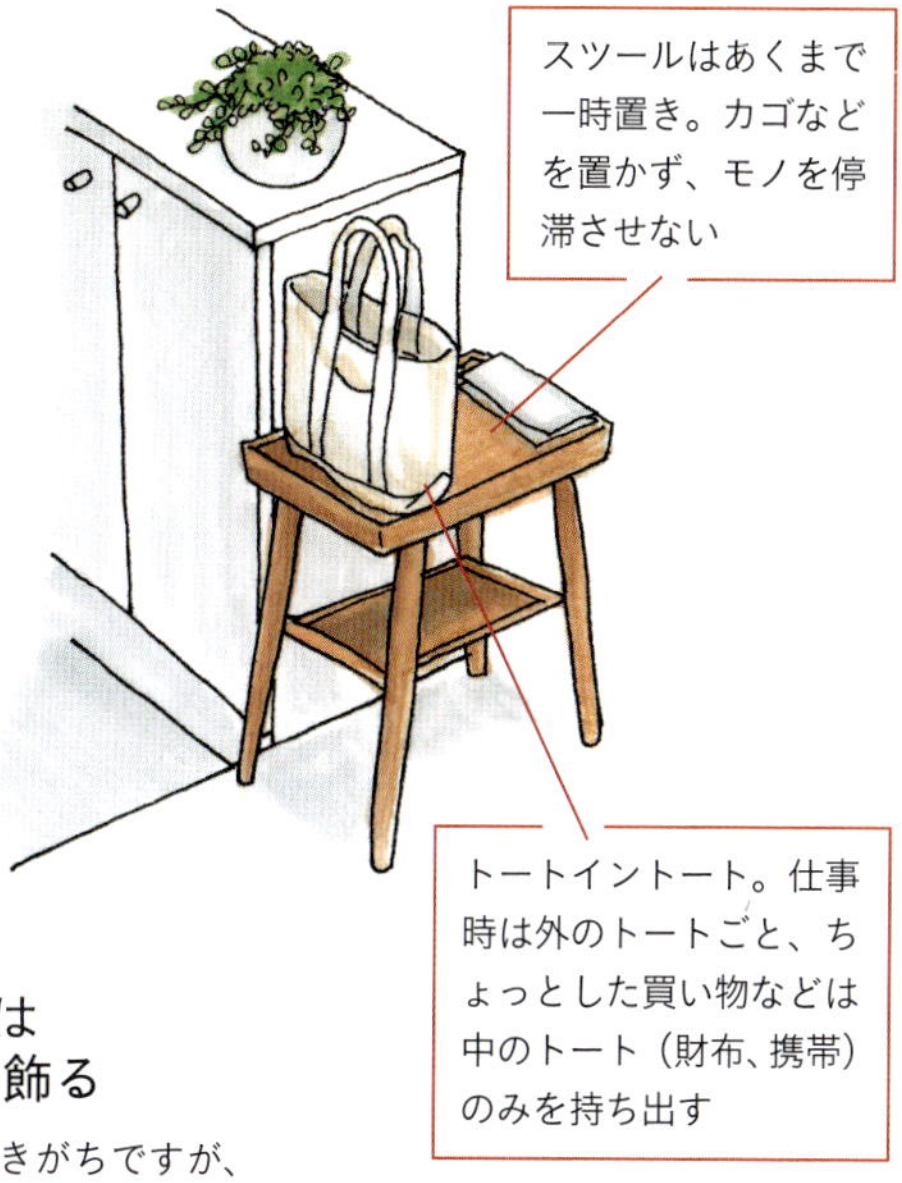
スツールはあくまで一時置き。カゴなどを置かず、モノを停滞させない
トートイントート。仕事時は外のトートごと、ちょっとした買い物などは中のトート（財布、携帯）のみを持ち出す

靴箱の上は ×置く ○飾る

DMなどを置きがちですが、一度置くと次々溜まりがち。結界で守られている！という気持ちで何も置かず、定位置を決めた飾りのみをキープします。

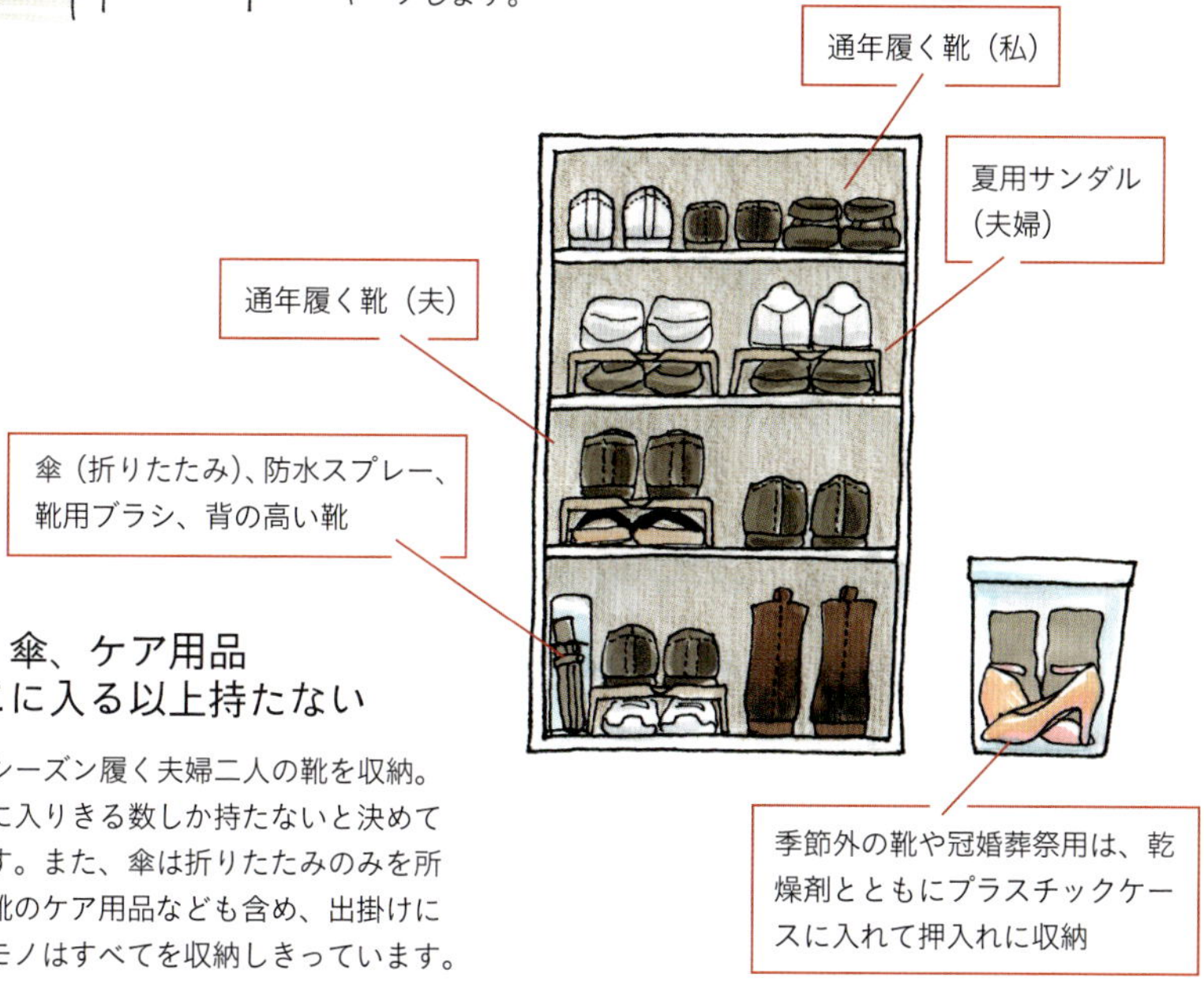
通年履く靴（私）
夏用サンダル（夫婦）
通年履く靴（夫）
傘（折りたたみ）、防水スプレー、靴用ブラシ、背の高い靴
季節外の靴や冠婚葬祭用は、乾燥剤とともにプラスチックケースに入れて押入れに収納

靴、傘、ケア用品 ここに入る以上持たない

そのシーズン履く夫婦二人の靴を収納。ここに入りきる数しか持たないと決めています。また、傘は折りたたみのみを所持。靴のケア用品なども含め、出掛けに使うモノはすべてを収納しきっています。

ESSAY
#02

手放すことに罪悪感がある人へ

手放す・捨てるということに罪悪感を感じずにはいられないと思います。しかし、捨てずに残しておいたら、自分が死んだ後に誰かが整理しなければならなりません。残された家族の手を煩わせるよりは、今、自分の意思で片づけた方がいい。私が少ないモノで暮らす人生を選んだのには、そんな考えもありました。

すでにモノが増えすぎているのなら、手放すときは必ずきます。どうせ数十年後に行うなら、今手放して残りの人生のより長い時間をスッキリ暮らせた方が心地いい。モノにとっても、価値があるうちに手放せば劣化する前に次の使い手へと渡ることができます。

今やるか後でやるかの違いしかありません。すごく早めにとりかかる生前整理だと思ってみましょう。家族の手を煩わせないためにも、また自分がこの後の人生を気分良く過ごせるようにも、「今」、手放すことに意味があります。

CHAPTER

3

スッキリなのに
ほっこりする

ミニマリストの飾り方

ミニマリストなのに、「飾る」?!

なぜ飾るのか
部屋に「ほっこり」を足す理由

「ミニマリスト」という言葉がメディアに取り上げられたとき、極限までモノを減らした、がらんどうの家が重点的に注目を浴びました。フローリングに小さなお膳がひとつ。あとは何もなくて、住む人がポツンと座っている。あのくらいモノが少ない暮らしが心地よい人もいるけれど、多くの人にとっては「ちょっと真似できない」「無機質でさみしい」という印象をもつのではないでしょうか。

実は私もそう思うのです。モノを減らし、安全で掃除がしやすく、スッキリした部屋には憧れます。でも、あそこまですっからかんにはしたくない。なぜなら、私の場合、そこまで何もない部屋は、居ても落ち着かないのです。

「落ち着く」とは、ほっこりと安らぐ、あたたかみを感じる、という状態だと思います。私はそこに住む家族がのびのびとリラックスし、心から安らげる部屋にしていきたいと思っています。

今の家に引っ越してきたばかりのとき、モノが何もなく、壁も天井も真っ白で、「誰かほか人の家みたいだ」と感じました。そこで一枚の写真を壁に飾りました。すると一気に「自分の家だ」と実感が湧き、あたたかみを感じられるようになりました。飾りがもたらす効果は大きいと信じ、今の自分たちにしっくりくるアイテムを、選んで飾るようにしています。

リビングの壁には時計とリース。スツールに置いた花と
ファブリックパネルは、床の間に見立てた一角。

スッキリを保って飾る3ヵ条

部屋の8割はスッキリ
だからこそ飾って「ほっこり」に

「かわいい!」と思ったモノをどんどん飾ると掃除が億劫になってきます。そうするとホコリが溜まって空間がよどみ、お気に入りだったはずのスペースが見るたびに目を背けたくなる「陰」なスペースになってしまいます。(なにより、そのときの気分に流されてモノを増やしては、ミニマルライフになりません)

飾るという行為は、飾ったらそこで終了ではありません。定期的に掃除したりメンテナンスしたりするところまでがセットです。だからこそ私は、「飾ったモノをどかす↓拭く↓元の位置に戻す」という一連の動作をイメージし、それでも億劫じゃないと想像できたら飾ってみることをおすすめします。飾るとはモノを増やすことだと十分理解したうえで、自分の管理できる量を見極めることが大切です。

また、飾るのはそのほかの空間がスッキリしていて初めて成り立ちます。私は床と壁の8割くらいは何もない状態が気持ちいいと感じています。そのスッキリさをキープしているからこそ、残りの2割に必要なモノを置いたり飾ったりしても快適だということを心にとめて、スッキリ&ほっこりな部屋づくりをぜひ楽しんでください。この章では、そんなスッキリの中に足す、上手なほっこり術を紹介します。

スッキリ飾る3カ条

1

掃除が億劫にならない量にとどめる

飾りは
まず1つから

飾ったことで生じる掃除の工程を考えましょう。「どかす→拭く→戻す」の動作を「どこへ→どのように（何を使って）→どうなったら」と具体的にシミュレーションし、億劫に感じなければOK。ほかの場所でモノを減らし、家事の量を相対的に調整するのも手です。

2

手入れしやすい飾り方を

飾りは、置いて終わりではありません。花なら水をやったり虫対策をしたり、モノならホコリを払ったり電池を入れ替えたりと手入れがつきもの。飾るときは、それらの作業がラクになる方法を考えましょう。詳しくはP.92から紹介します。

3

できる範囲で季節を楽しむ

季節を楽しむ
床の間的スペース

わが家ではリビングの壁に手ぬぐいを飾り、その下にスツールを置いて花を飾っています。簡易的な床の間として、季節を楽しむスペースです。来客時だけでなく、自分や家族をもてなすつもりで季節を取り入れると空間がいきいきしてきます。

さぁ飾ってみよう

ほっこり見せてくれるモノ

IDEA 1

花を飾ってみよう

月に1回花屋さんに寄って、一輪でもいいので花を買って帰りませんか？
スーパーの中の花屋さんの花でも
飾り方次第で十分ほっこりかわいい部屋に。

食器を使って

花瓶や一輪挿しに生けるのも素敵ですが、普段使いの食器にラフに生けるのも惹かれます。カップ＆ソーサー、グラス、コーヒーサーバーなどわざわざ用意しなくても使えるものはいろいろ。茎が短くなったらボウル状の器に浮かべてもOK。

空きビンを使って

ミネラルウォーターや炭酸飲料の細めのビンは、ちょうどいい花生けに。同じ花を一輪ずつ挿して並べると、それだけで絵になります。

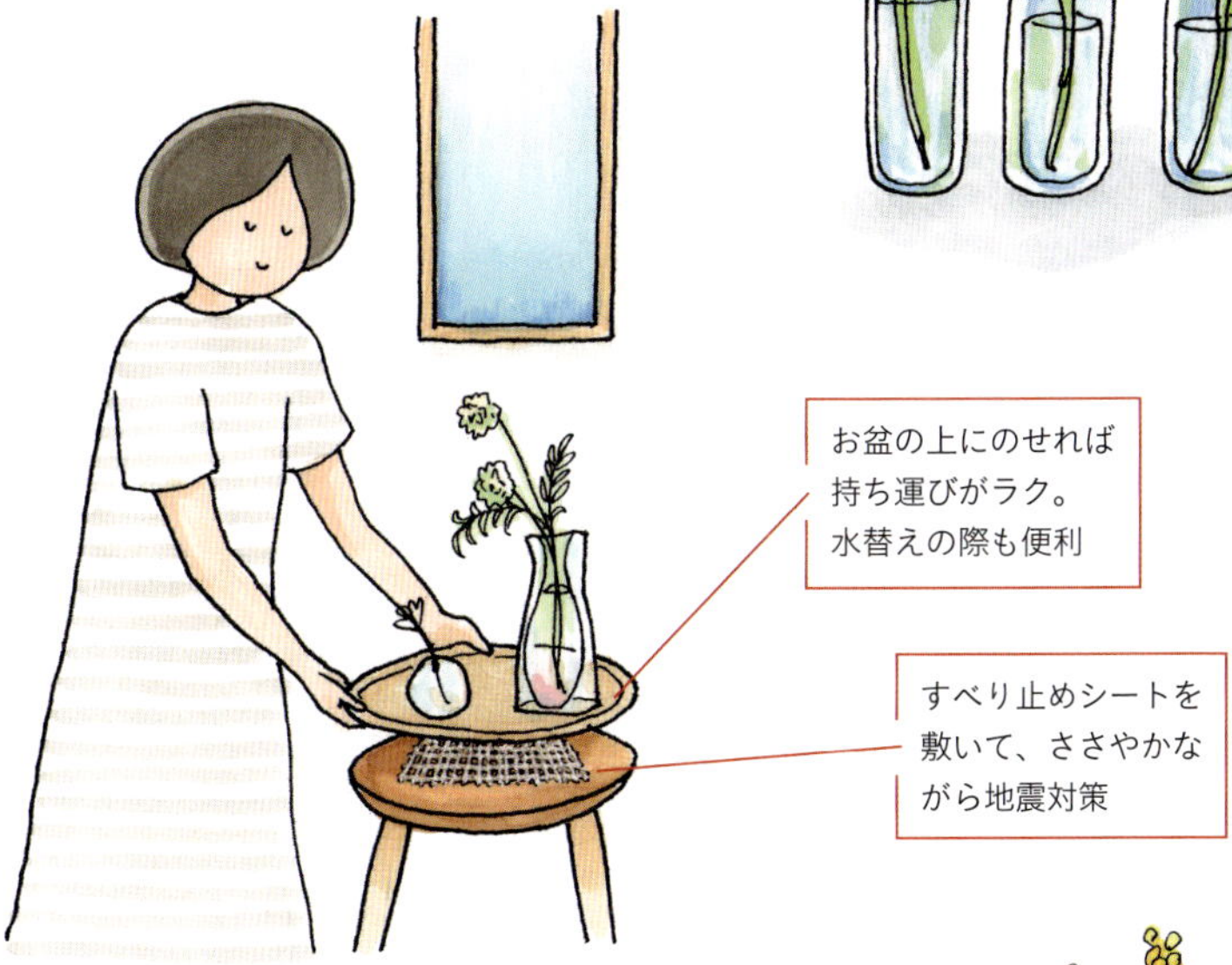
お盆の上にのせれば
持ち運びがラク。
水替えの際も便利
すべり止めシートを
敷いて、ささやかな
がら地震対策

「床の間」風に飾る

掛け軸に見立てた手ぬぐいパネルを壁に掛け、手前にスツールを置いて花を飾ると、床の間に見立てた空間に。派手な花より素朴な野の草花が似合います。

キッチンツールに生ける

容量が大きめな花器の代わりは、キッチンツールが使えます。保存ビンやケトル、陶器のミルクピッチャーも素敵です。

IDEA 2

布を飾ってみよう

本格的なアートを飾るのはちょっとハードルが高いですが、
メーター売りの布や手ぬぐいなら価格も手頃。
たためば保管もコンパクトです。

刺繍枠に入れてみる

刺繍枠は、数百円から手に入りサイズも豊富。木製のものから色付きまでさまざまなバリエーションがあります。布やレースなど、自由に好きなモノを張って飾ってみましょう。

ファブリックパネルの作り方

1.
線を引く

布の裏面に刺繍枠を置き、刺繍枠より5cmほど大きな円周を引く

2.
布を切る

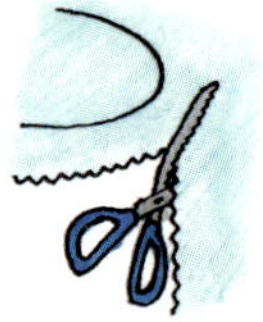

布を切る。ギザギザに切れるピンキングばさみを使うとほつれにくい

3.
完成！

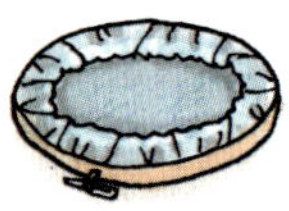

布を刺繍枠に固定したら完成です

愛用の
手帳カバーと
同じ柄
折り目は
アイロンをかけると
ピシッと平らに

手ぬぐいを額に入れて

手ぬぐいは専門店もあり、デザイン豊富で価格も手頃。私はminä perhonenの「choucho」という柄が好きでパネルにしました。手帳カバーとおそろいです。

ハンカチやTシャツをフォトフレームに

フォトフレームさえあれば、どんな布でも手軽に額装できます。はみ出た部分は裏で留めれば切らなくてもOK。わが家ではA4判のナラ材のフォトフレームを使っています。

余った部分は
マスキングテープで
とめます

掛け軸風に

自作するのが簡単で、一気に部屋の雰囲気が変わるおすすめの方法。布の上部を筒状に縫い（ざっくりでも大丈夫！）棒を通して紐に掛けるだけ。大ぶりな柄がとても映えます。

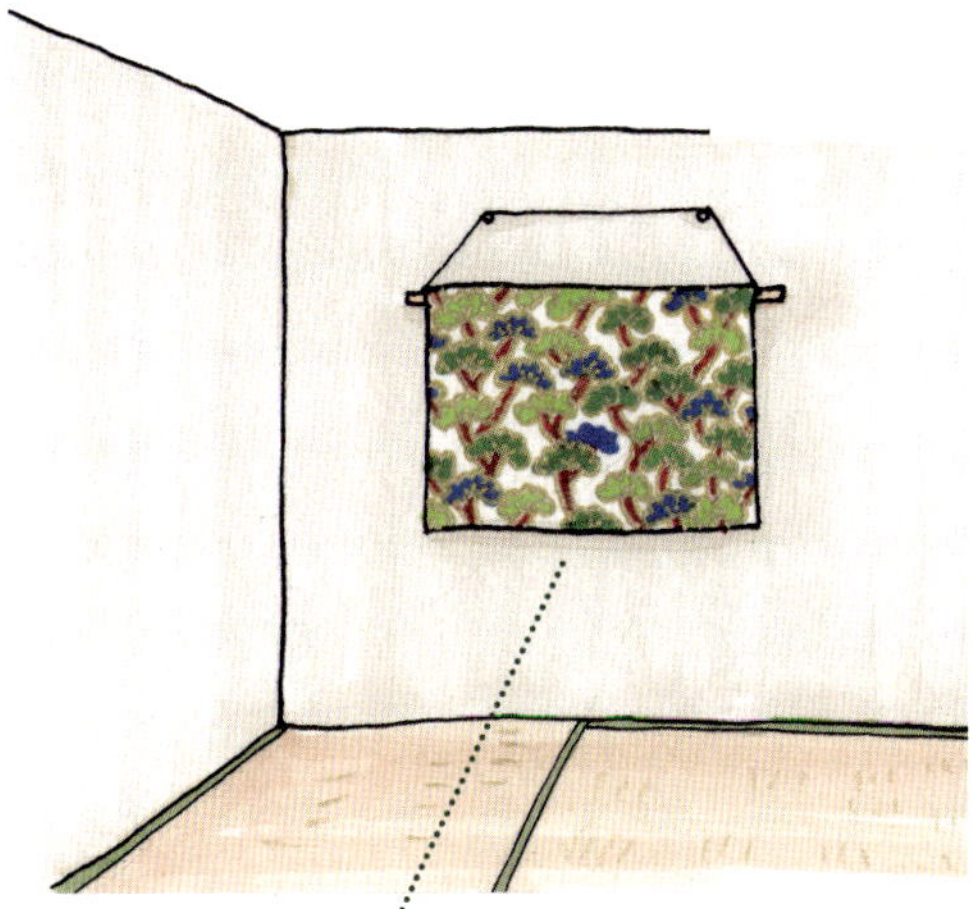

わが家の寝室にはテキスタイルブランドSOU・SOUの「松は松らしく」という布を飾っています（部屋は6畳、布は横108×縦84cm）

IDEA 3

道具も飾りに

普段使っている道具には住む人の個性が表れます。
あくまでスッキリ飾るには、
数を絞ることがポイントです。

おしゃれボトルを活用

住居用洗剤やアイロン用霧吹き、ルームスプレーなど、家庭で使う液体をおしゃれなボトルに入れ替えて。グリーンを合わせるとより絵になります。

ファッションアイテムを飾る

お気に入りのバッグやストール、帽子など。一緒に大ぶりのリースを吊るすのも素敵です。たくさん飾ると生活感が出やすいアイテムなので数を絞ること。

趣味の道具を飾る

楽器やカメラや器など趣味の道具を飾るとその人らしさがにじみ出ます。来客の目を楽しませ、会話が生まれるきっかけにも。

COLUMN 飾るのが楽しくなってきたら

点検1：部屋の写真を撮る

第三者的目線で観察でき、ゴチャッとした場所に気づけます。コツはSNSにアップする意識で見ること。

点検2：週1回は拭き掃除

飾ったモノを週に1回拭き掃除。億劫に感じたらキャパオーバーのサイン。

理想の物量を忘れず常にイメージして

私自身、壁も床も見える面積が広く、スコンとモノがない生活が理想です。でも、本当に何もないと他人の家のようでさみしいので、〝自分の部屋感〟が増すように飾る、あくまで掃除がラクな量、なおかつスッキリ見えるように、というのがモットーです。

飾るのが楽しくなってくると、どんどんモノを増やしたくなるかもしれませんが、床や壁の「空き」があるからこそ「飾る」が成り立つことをお忘れなく。空き面積なくモノを増やすと、また「捨てる」に追われます。理想のスッキリ具合の画像を探し、スマホの待ち受けにしておくのも効果的です。

スッキリ見せる場所のコツ

IDEA 4

手入れしやすい場所に飾る

拭き掃除したり磨いたり入れ替えたり。
飾った後のメンテナンスがラクな場所を探しましょう。
むき出しに飾るよりも箱で囲んだり
台の上より壁や天井に吊るすのがおすすめです。

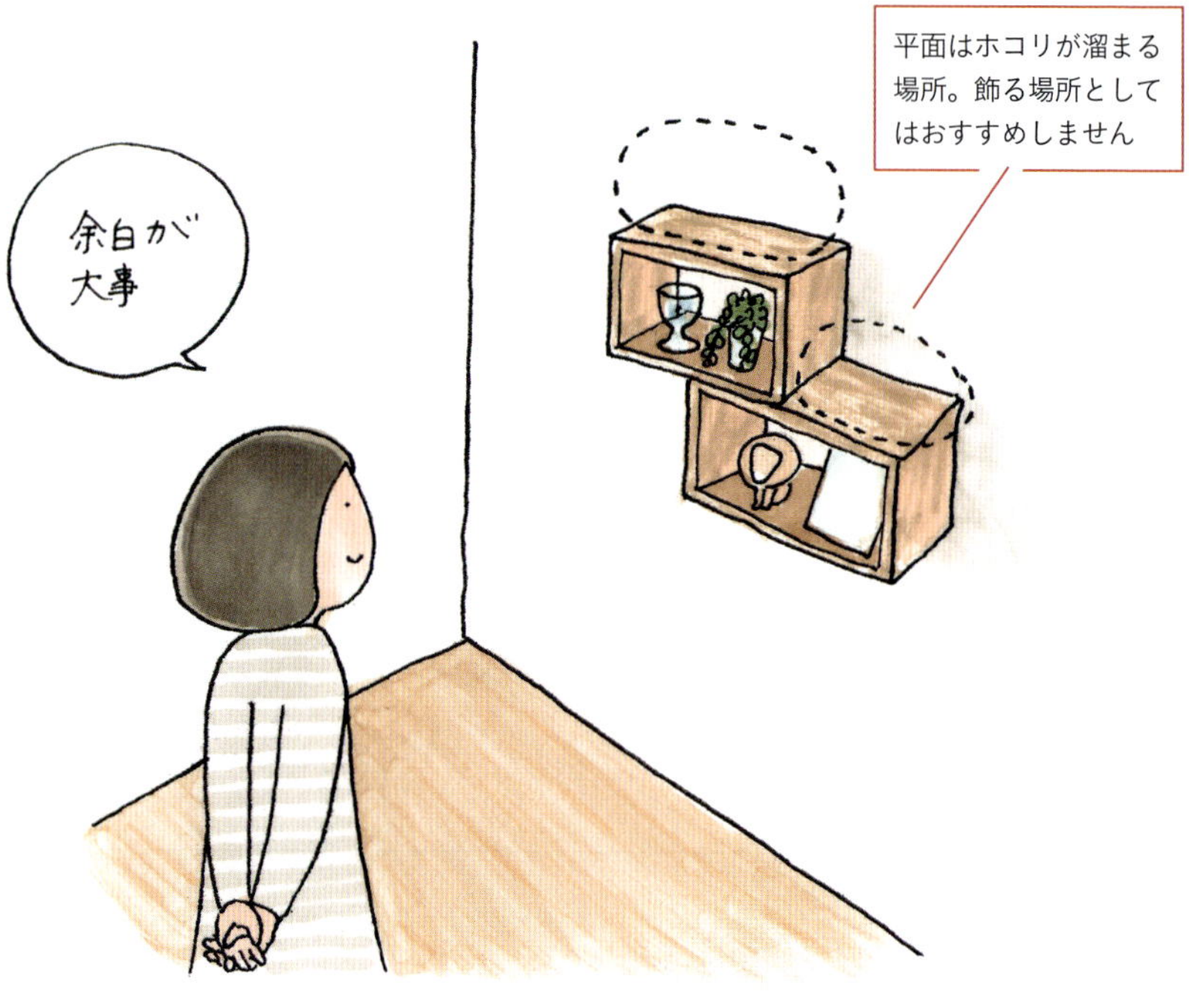
平面はホコリが溜まる場所。飾る場所としてはおすすめしません
余白が大事

壁にボックスを取り付ける

壁にボックスを取り付け、その中に飾るモノを収めればホコリが溜まりにくく掃除がラク。ボックスの上が空いているのでここにも何か置きたくなるところですが、その気持ちはぐっとこらえて。ここに飾ると掃除が一気に面倒になり、いつのまにか見た目もごっちゃり。

季節によって
付け替えても素敵
木製の魚もかわいい
ぼぅっと眺めていると
癒されます…。
わが家に飾っているのは
フレンステッドの厚紙製
「北欧の白鳥（５羽）」

天井にモビールを

吊るし飾りは固定的な場所をとらず、掃除もホコリ取りでサッと拭く程度で済むのでおすすめです。私が特に好きなのがモビール。部屋の中に動くものがあると、何気ないときにぼーっと眺められて癒されます。

グリーンも吊るす

グリーンも天井から吊るしてみませんか。土が不要なエアプランツなら掃除もお手入れもとってもラク。麻紐で直接結んだりワイヤーハンギングに入れたりと飾り方も好みに合わせて。

ひもで結んだりワイヤーハギングに入れて吊るしたり
花器や鉢もありますが、
万一落下した際に割れない素材がおすすめ

IDEA 5

窓辺ならキレイを拡散

窓辺は光の入る場所。
そこにサンキャッチャーを飾ると部屋中に虹を作りだし、
明るく、清潔に感じさせます。

サンキャッチャー

わが家では、朝日が入る窓辺にセット。キレイな虹を見たいがために早起きするようになりました。カーテンレールにスライドできるよう吊るしておけば、カーテンの開閉や掃除の邪魔にもなりません。

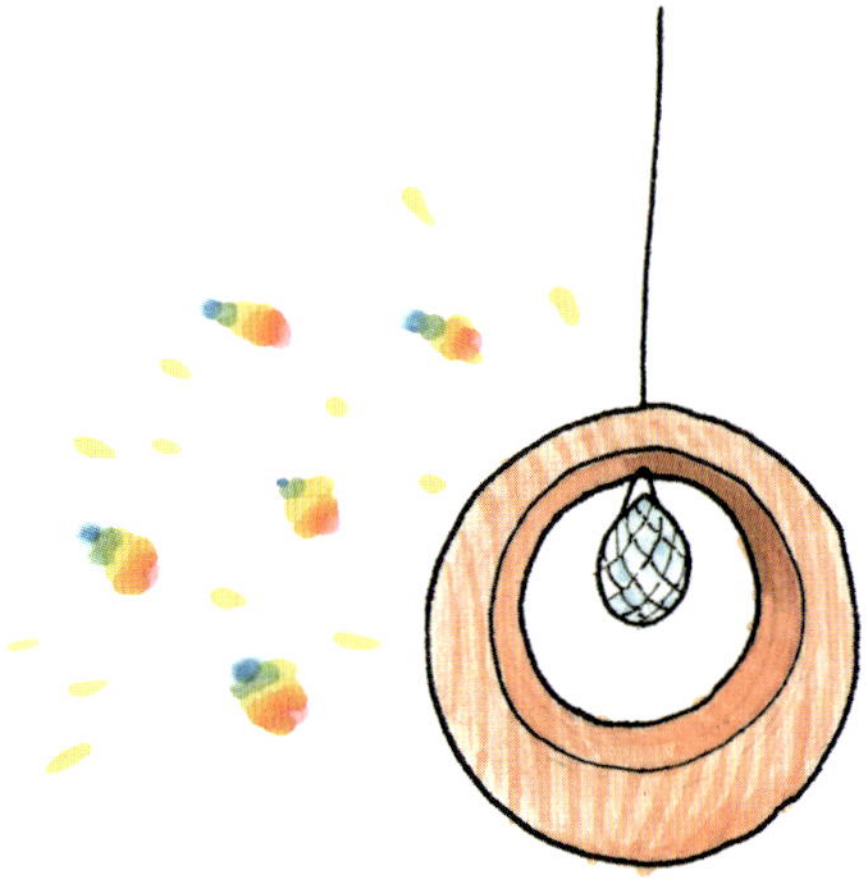

カーテンレールにゆるくくくれば、簡単にスライド可能。太陽の動きに合わせて移動させれば、固定してしまうより長い時間虹を楽しめます。

IDEA 6

コートハンガーを利用する

フックやコートハンガーがあれば、引っ掛けて飾れるので便利。
掃除や掛け替えもサッとできる飾り場です。

コートハンガー

スッキリ見せるコツは、モノを多くしすぎないこと。あれもこれも掛けてしまうと、整理ができないズボラな印象を与えます。絶対に飾りたいモノだけ掛けたところで、一度写真を撮って確認。客観的にチェックしましょう。

持ち手付きのバスケットにグリーンポットを入れて吊るすのも素敵

バッグやストールは「飾って美しい」モノだけを選びます

NG

コートハンガーは本来「収納」ですが、生活感のある日用品と飾るモノと共存させるとごちゃつきます。「飾り場」は飾るモノだけに集中して。

GOOD

壁を背景に一枚の絵に見立て、キレイなモノを少しだけ。自分の大好きなモノを選りすぐれば、おのずと個性も表れます。

COLUMN

手の届かない場所に飾ってはいけない

NG 手入れするとき不安定で危険。掃除もしにくく、汚れが溜まる場所になりやすい。割れモノや重いモノは地震などのとき落下の心配も。

掃除が大変&危険なら飾るに適した場所でない

家の中を見まわすと、目線より高い位置にある、意外と飾りやすそうなスペースが目につくかもしれません。カーテンボックスの上や梁の上、収納棚も上の段は出し入れしにくいので空いていて、そこに何か飾りたくなる気持ちもわかります。

しかし踏み台がないと届かない高さにたくさんのモノを飾ると掃除が億劫になり、ホコリが積もってしまいます。掃除の際も、拭いては踏み台を動かして次の場所……という動作が面倒で、手を伸ばして一度に掃除しようとしがちで危険です。空いている場所＝飾りに適した場所ではないので、高い場所には何も飾らないというのも正しい判断です。

GOOD

数を絞れば掃除の手間も少なく。引っ掛けるタイプにするとホコリも払いやすい。モノは万が一落ちても危なくない軽いモノや割れない素材を。

眺めるのに心地いい高さなら安全で手入れしやすく

それでも高めの場所が眺めて心地いいときは、数を絞って、手入れが行き届く飾り方を工夫しましょう。私ならフックやテグスを使って面に掛ける方法を試します。たとえばリースなら針金やリボンを付けて壁に差した押しピンに引っかけます。あるいは絵や写真なら、壁に押しピンや壁美人を取り付けて落下しないよう気をつけて飾ります。額縁の下が壁面側に傾いて〝おじぎ〟しないよう、裏の右下と左下にスポンジなど貼るとよりキレイに飾れます。

飾りはおいしいごはんを作るのと同じくらい、自分や家族を楽しませます。手入れまで含めて、今の自分に無理のない方法を探してください。

キレイに収まる置き方のコツ

IDEA 7

三角形を意識する

モノを置いてもなんだかサマにならないとき、3つの頂点を意識して「三角形」を作るように配置すると絵になります。

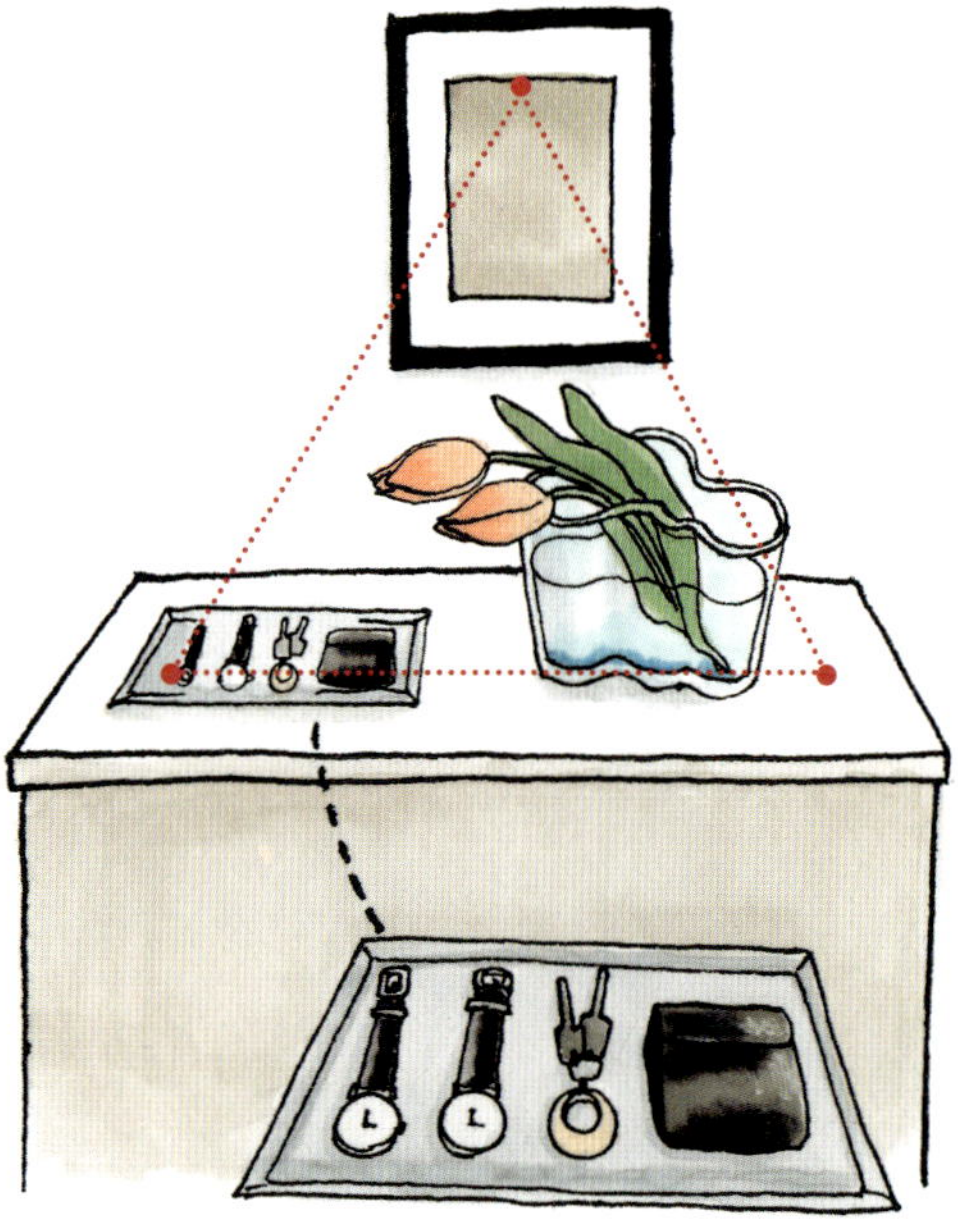

絵＋花＋お出かけセット

基本のセットは、①背景となる面（ファブリックパネルや写真、本）②少し背の高いモノ（オブジェやグリーン）③背の低いモノ。こまごましたモノならトレーにのせてまとめてしまえば、ひとつのモノに見えますよ。たとえば玄関の靴箱上。財布や時計、カギなどをトレーの上にピシッと並べてお出かけセットに。①フレーム ②花　③トレー（の上の小物）の三角形が成立します。

IDEA 8

同じカタチを集める

時計やリース

丸いモノを集合させるとかわいらしい印象に。飛び石的に同系色のモノを配置すると、ほどよく統一感が出ます。

コーヒーフィルターも飾りに

主張しがちな三角形も、ナチュラルな素材や線の細いデザインなら集めて素敵なスペースに。華奢なフラワーベースや、木工作家・西本良太さんのシンプルなコーヒーフィルターホルダーなどセンスのいい雑貨を探して。

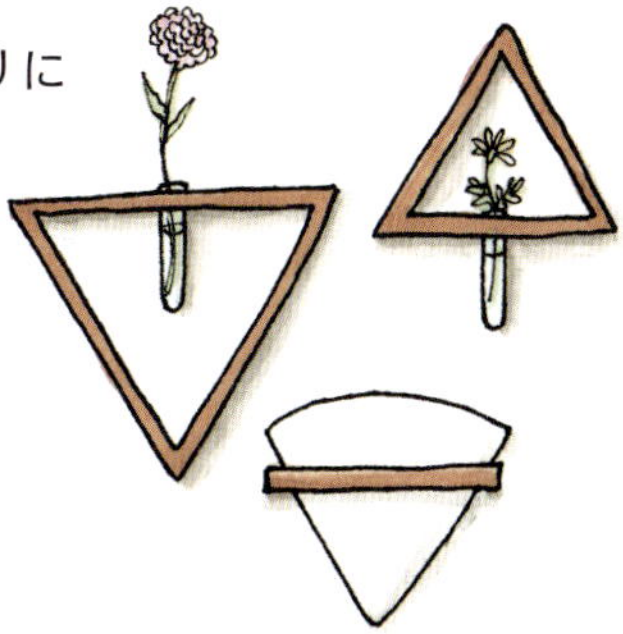

写真や絵、ハガキ

四角いモノが集まっているとかっこいい雰囲気に。写真や絵はもちろん、中身を入れないフレームだけでも。

IDEA 9

理想をハッキリさせてから飾る

どんな部屋にしたいかイメージが漠然とした状態で飾り始めると
まとまりのない部屋に。飾りたいと思ったら、
人に説明できるくらいゴールを具体的に描いておきましょう。

手軽なのに効果大「アイデアスクラップ」のすすめ

憧れの部屋はあるけれど、どうすれば実現できるかわからない。そんなときは「アイデアスクラップ」が効果的です。

まずはいいなと思う部屋やアート、写真をスクラップしてみましょう。雑誌や本で探してもいいし、インスタグラムなどで手軽にたくさん集めるのも楽しいです。集まってきたらそれらをザーッと振り返り、共通点を発見して。テーマカラーやテイストなど、なぜ好きだと思ったのか、理由が見えてくるはずです。たとえば「カフェ風の雰囲気」「アウトドアな要素」「シックな色づかい」など。次はそれらを書きとめて、実現できそうなことをピックアップ。すべてが取り入れられなくても、大事なエッセンスが再現できれば、理想にぐんと近づきます。家族にも話して、お互いの理想を共有できると楽しい作業になりますよ。

アイデアスクラップの手順

STEP 1

画像検索してみよう

私がよく行うのはインスタグラムのタグ検索。「#simple」「#minimal」「#シンプルライフ」などイメージに近いキーワードで検索し、気に入ったものに「♡いいね」を付けておきます。いざ部屋作りをしようとするとき、それを見返せば自分の好みが見えてきます。

STEP 2

好きな写真の「どこが好き?」を分析しよう

STEP1の作業で「私はシンプルモダンな和室ばかり集めていたんだ」など、方向性が見えてきます。次は、それらに共通することをチェックして。色や素材、空間の空き具合など、共通項は目指す部屋のヒントです。

好きなポイント 1
アートの落ちついた色合いがいい
好きなポイント 2
ブルーグレーのような淡くて落ちついた色が好き
好きなポイント 3
ラグが敷いてなくてスッキリした床が好き

IDEA 10

少ないモノでもテイストを作る

憧れの雰囲気を作るのは、モノがたくさんなくても可能です。

理想のイメージは旅館

和モダンな部屋

和室があるなら、シンプルでモダンな旅館をイメージして整えてはどうでしょう。畳にごろ寝が気持ちのいい、ずっと居たくなる部屋になります。

3

床の間風の板

床の間がなければ、木の板を置くだけで簡易床の間に。板はホームセンターなどで買ったり、使わなくなった家具の棚板などを利用しても。さらにファブリックパネルや花を飾って季節を表すスペースにしても。

2

ビーズクッション

椅子が不要な和室。座布団や座椅子ではなく、フィットチェアを選ぶことでナチュラルモダンな雰囲気に。

1

カゴバッグが収納代わり

こまごまとしたモノは、出しっぱなしにせず1ヵ所に整理。籐や麻など自然素材のカゴバッグがよく合います。大きな家具を置かず、これくらいに収まる量をキープできると部屋全体がスッキリ。

ソファなしでもくつろげる
カフェ風スタイル

リビングダイニングにサロンテーブルのみ。食事もくつろぎもひとつのLDチェアでできるコーディネートは、無駄がなくシンプルな部屋にぴったりです。小ぶりなグリーンを要所に置くとあたたかみも演出できます。

3
高さの低い家具

テーブルは高さ65cm、椅子は39cm前後と低めを選ぶと食事用にもくつろぎ用にも使えます。椅子は肘掛けがあるとよりリラックス感がアップ。

2
収納はトートに

こまごましたモノはトートにひとまとめ。スツールに置くと床もスッキリ広く見えます。大型収納をなくせると、明るく解放感も出て、カフェの雰囲気にもぴったり。

1
壁掛けボックス

キッチンに壁掛けのボックス収納を付け、コーヒーサーバーや紅茶缶などのカフェアイテムを入れて見せる収納に。オープン棚よりホコリが溜まりにくく掃除がラクにできます。

シンプルで暮らしやすい

北欧インテリア

北欧スタイルは、ほっこりやさしい雰囲気で家時間をゆっくり過ごしたい人におすすめ。落ち着いたカラーを選べば、甘くなりすぎません。ダイニングセットがなくても暮らせます。

3

シンプルなソファ

ソファを置きたい場合は、グレーや白など重たすぎないモノトーンのファブリックを選んで。大きめ家具は部屋全体の印象を決めるので、サイズや形もシンプルなものを。

2

木のローテーブル

テーブルを置くなら、ダイニングテーブルよりローテーブルがおすすめ。食事もパソコン作業も十分できるし、背が低くコンパクトなので部屋が広々。素材はナチュラルな木で、ソファの足やチェストと合わせるとスッキリ。

1

カラーを絞る

たとえば同じ色調の木部×モノトーン×差し色のイエローなど、ベース・メイン・アクセントと色を絞れば、うるさくなりません。絵や写真も家具やファブリックに合わせ統一感を。もう少しあたたかみを足したければモビールも似合います。

いつも身軽でいたい人へ

アウトドアスタイル

わが家のリビングダイニングは今、このスタイル。折りたたみチェアをダイニングチェア兼イージーチェアとして兼用し、移動も収納も引っ越しもラクにできるのが魅力です。

3

ハンギンググリーン

テグスを使って天井からグリーンを吊るすとアウトドア感がアップ。水やりがラクな観葉植物やエアプランツならお手入れがめんどくさくなく、見ためも鉢植えより軽い印象。

2

折りたたみ家具

テーブルと椅子はキャンプ用の折りたたみ式。移動も片づけもラクにできるし、構造がシンプルで見ためもスッキリ。素材は木×黒スチールなど野暮ったくないものがおすすめ。

1

道具を飾る

アウトドア用具も数を絞って掛ければおしゃれ。住む人のひととなりが垣間見えるインテリアになります。

COLUMN

自分らしい部屋にするには？

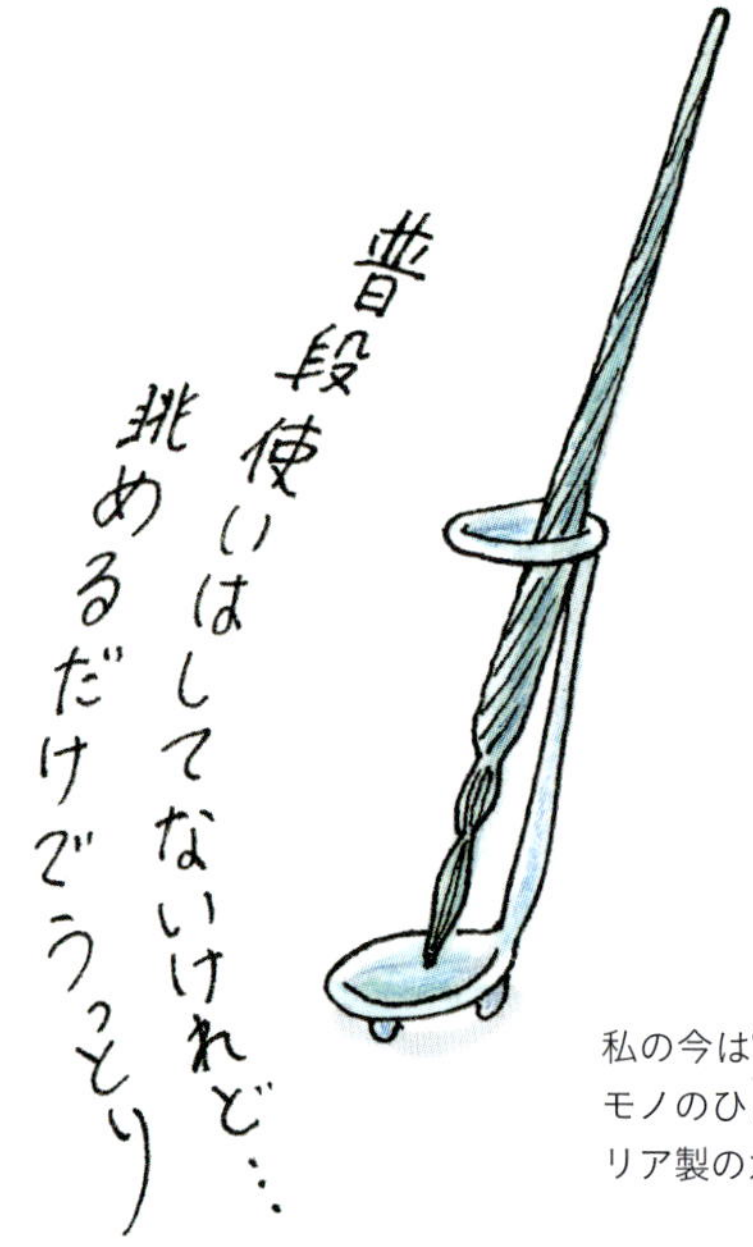
普段使いはしてないけれど…
眺めるだけでうっとり

私の今は“手放さない”モノのひとつは、イタリア製のガラスペン。

ずっと持っている大事なモノそのひとつをちゃんと飾ってみよう

「ミニマリストなのに（目指しているのに）そんなモノを持ってるの？」と意地悪な質問を受けることがあるかもしれません。でも、ミニマルな生活は捨てること自体が目的ではありません。必要なモノを残すため、新たに生まれた時間やスペースで本当に大切なことに取り組むために減らすのです。自分の心が「これが大事！ずっと持っていたい」と言っているモノなら、残していいと思います。

たとえば道具としては活用していないけれど思い出深くて捨てられないものはありませんか？それを無理して手放す必要はありません。自分らしい部屋にするため、ちゃんと飾ってみませんか。

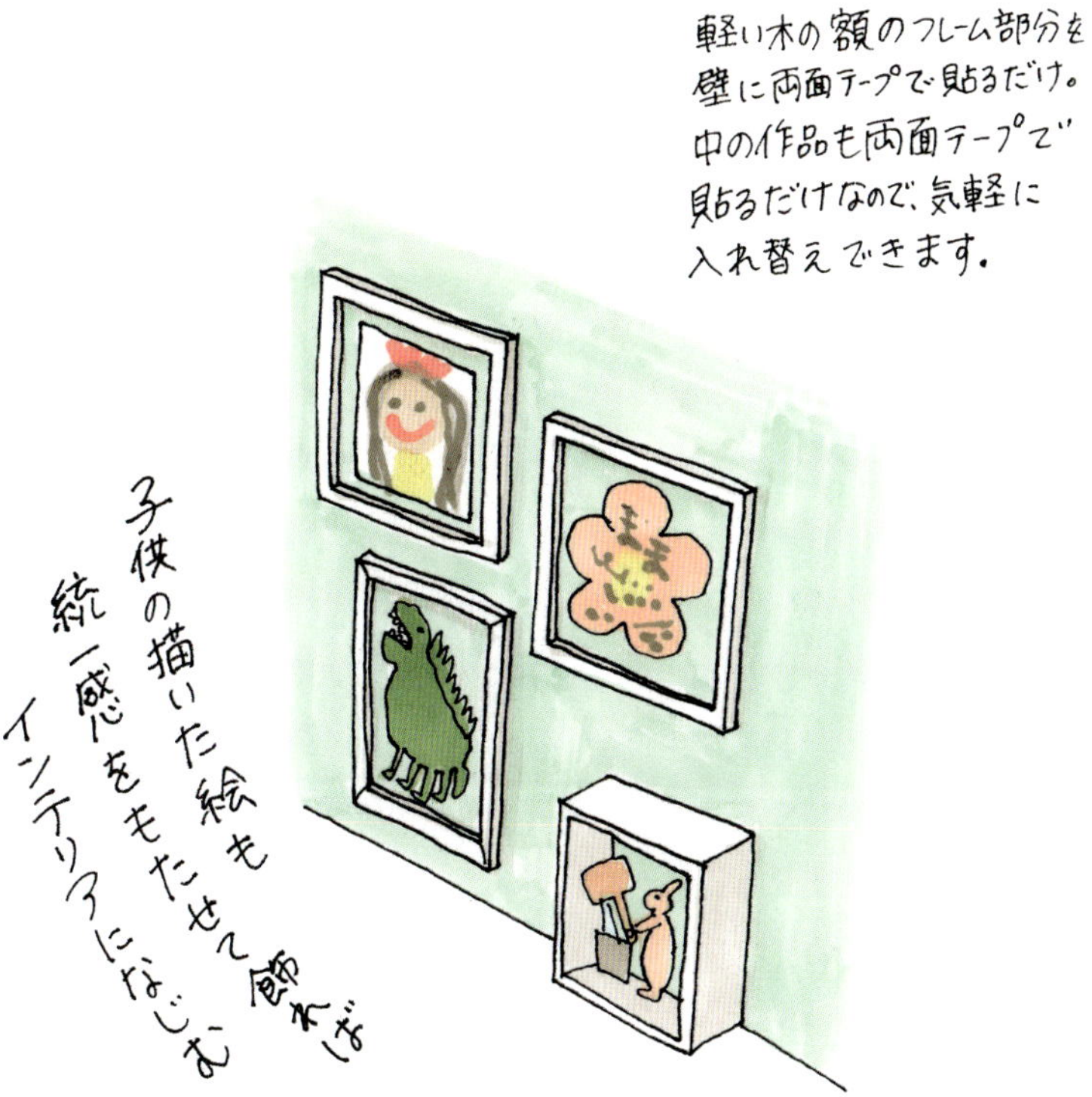
軽い木の額のフレーム部分を
壁に両面テープで貼るだけ。
中の作品も両面テープで
貼るだけなので、気軽に
入れ替えできます。
子供の描いた絵も
統一感をもたせて飾れば
インテリアになじむ

大切な思い出の片鱗が見えるようなモノは、替えのきかない宝物。うまく飾れると暮らしがほっこり。

それがあるから他は要らない そう思えたりもするんです

子どもが工作で作った作品や絵も、しまいこまずに飾ってみませんか？ 絵は額装するだけでぐっと魅力が増し、部屋に馴染みやすくなります。または愛用のぬいぐるみ。厳選すればうるさくなく、その人らしさが感じられて見る人をほっこりさせてくれます。

幸せな記憶と結びついているモノも、見るたびに気持ちがホッとします。ただ、飾りすぎには注意。たくさんものが表に出ていると掃除も億劫になり、手入れがしきれなくなっていきます。飾りスペースは一部屋に一ヵ所で十分。「スッキリして生活しやすく、なおかつほっこりして落ち着ける空間」にしたいですね。

ESSAY
#03

「床の間的スペース」のすすめ

茶室では、床の間に季節に合わせて掛け軸を変え、季節の草花が生け、お茶をふるまいます。それは客人のための心づくしのおもてなし。床の間のある家は今や少ないと思いますが、飾るためのスペースや、その場を心地よくしつらえる心はもちたいもの。来客がなくても自分や家族をもてなす気持ちで部屋をつくると、日々が心地よく過ごせます。

掛け軸の代わりに絵や写真を飾ってもいいし、花台は洋風のスツールでも構いません。花器はガラスのベースでもいいし、ティーカップやミルクピッチャーなど食器を使うのも素適。花選びに迷ったら、花屋さんに相談してみると親切に教えてもらえるものです。季節ごとにどうやって掛け軸を選ぶのか？ 花はどう選べばいい？ そういったことを学ぶために、私は茶道を習い始めました。部屋をスッキリ・ほっこりさせる目的が派生して、新しい趣味ができました。

CHAPTER

4

日々の小さな習慣で

心もスッキリ＆ほっこり術

☑ スッキリ　□ ほっこり

窓を開けて朝の部屋ヨガ

ほぼ毎日、朝起きたら窓を開けてヨガをしています。きっかけは以前、浜辺での朝ヨガに参加したこと。海からの風が吹き抜けて、小鳥のさえずりが心地よく聞こえ、目を閉じると朝日がまぶたをなでてくれる……。その時間が最高に気持ちよくて、家でも同じ気分を味わえたらなぁと思ったのが始まりでした。

しかしまったく同じ状況を再現しようとしたら、天気を気にしてやきもきしたり、外で使ったマットの手入れや虫対策など大変です。そこで部屋の中に居ながら、窓を開け放ってヨガをすることにしました。これでも十分、風や鳥の声や季節のにおいを感じられます。凝り固まった体がほぐれるおかげなのか、朝から活力が湧いてきて、その後の朝食作りや朝掃除もスムーズです。

外ヨガに魅了された私。暮らしの中でもその心地よさを取り入れたいと思い、窓辺でヨガを始めました。たった5分でも体の奥からスッキリします。

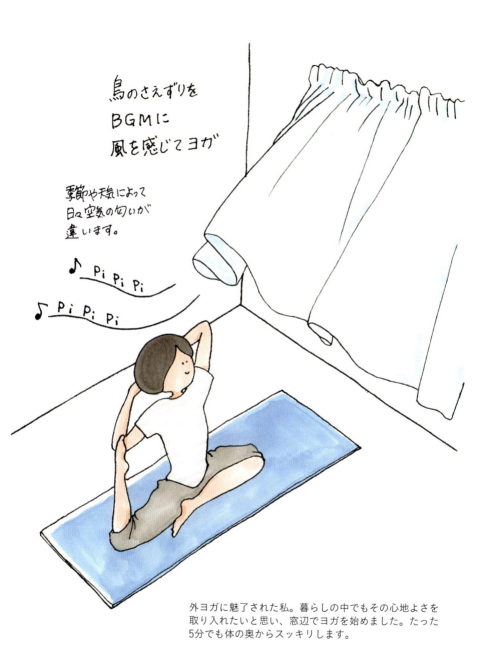

☑ スッキリ　□ ほっこり

トイレ掃除はげん担ぎ

朝の家事は、トイレ掃除から始めることにしています。最初はまだ眠くて頭がボーッとしていても、だんだんシャキッと目が覚めて、家事のやる気をスイッチオンしてくれる感覚があります。

そもそもこれを習慣にしたのは、仕事でトラブルが続き「ツイてないな」と感じていた頃、トイレ掃除をしたら次々解決した体験から。ただの偶然だったかもしれませんが、ピカピカに磨いた後は気持ちが晴れて、スッキリするのは事実です。それからというも、願掛けのように毎朝の習慣にしています。

☑ スッキリ　□ ほっこり

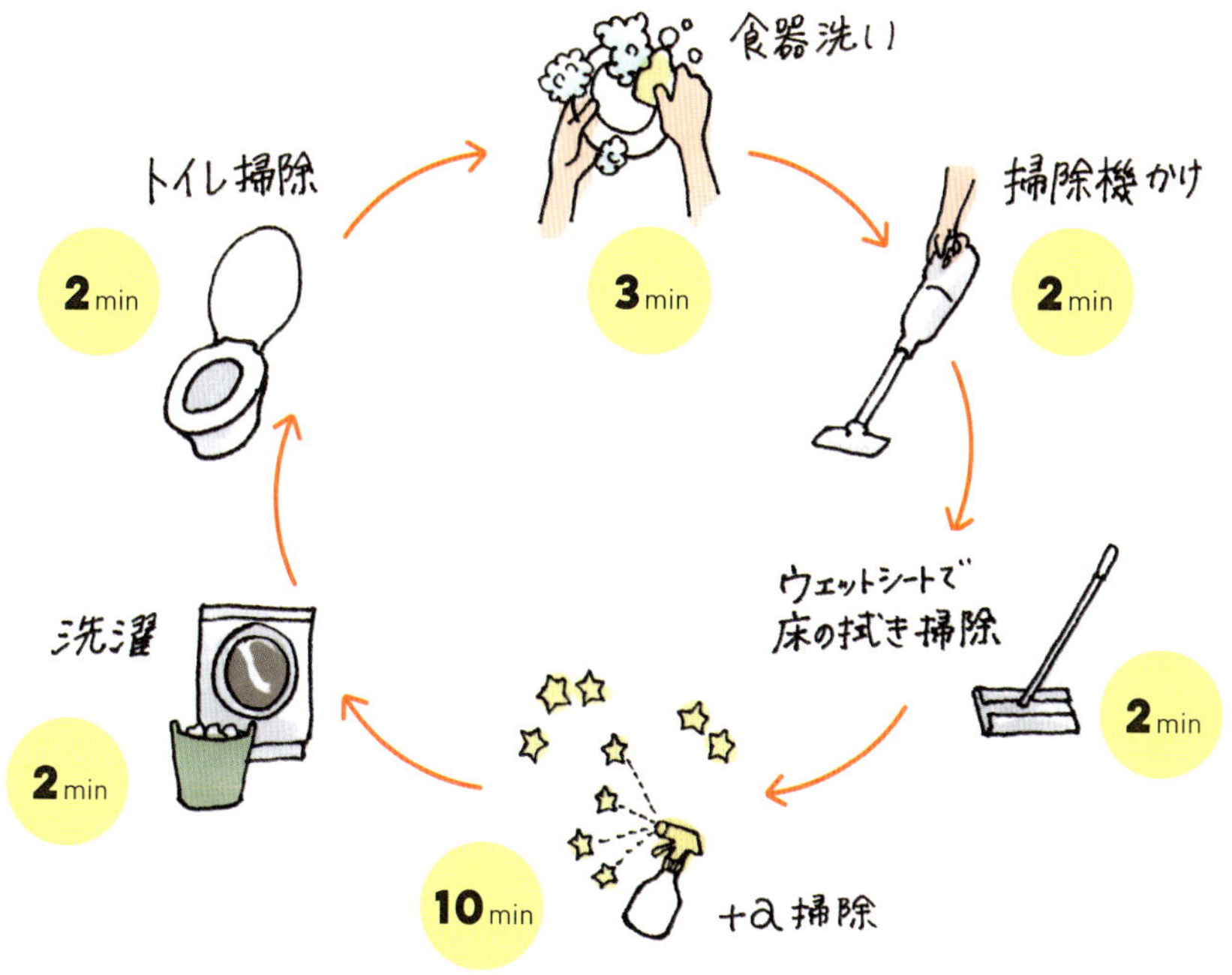

日光は朝家事ハイを呼び込む

同じ掃除をするのでも、朝と夜では気分がまったく違います。朝は言うならば「朝家事ハイ」。日光を浴びながらする片づけや掃除は楽しくて、気分が自然とハイになります。

それに気づいてからは「家事は朝」と決めています。生活パターンが定着すると、効率のいいルーティンができました。掃除は1回あたりはちょこっとですが、毎日すれば汚れがひどくなりません。トイレ掃除2分、食器洗い2分と10分あればだいたい終わり、キッチンの整理や窓拭きなど、＋α掃除を組み込む余裕もできました。

☑ スッキリ　☐ ほっこり

おふみ流
毎日続ける
コツ

1. **とりあえず ペンを持ってみる**
2. **忙しい日は 3ページ未満でもOK**
3. **テーマを決めない**

▼

ルールに縛られず、思いついたことをひとりごとのように書くだけでOK

モーニングページで脳の排水

朝掃除の後にやっている習慣が「モーニングページ」です。これはジュリア・キャメロン著『ずっとやりたかったことを、やりなさい。』で提唱されたメソッドで、朝起きたら紙3ページ分、なんでもいいから思い浮かんだことを書き出すというもの。悩みにとらわれていた時期に、なんとかどん底を抜け出したいと試してみたのがスタートです。

効果はてきめん。同じ悩みばかり書いている自分に気づき、原因を分解して考えたり、具体的な解決策を探し出したりできました。一気に書いて脳がスッキリ。元気が出ます。

□ スッキリ　　☑ ほっこり

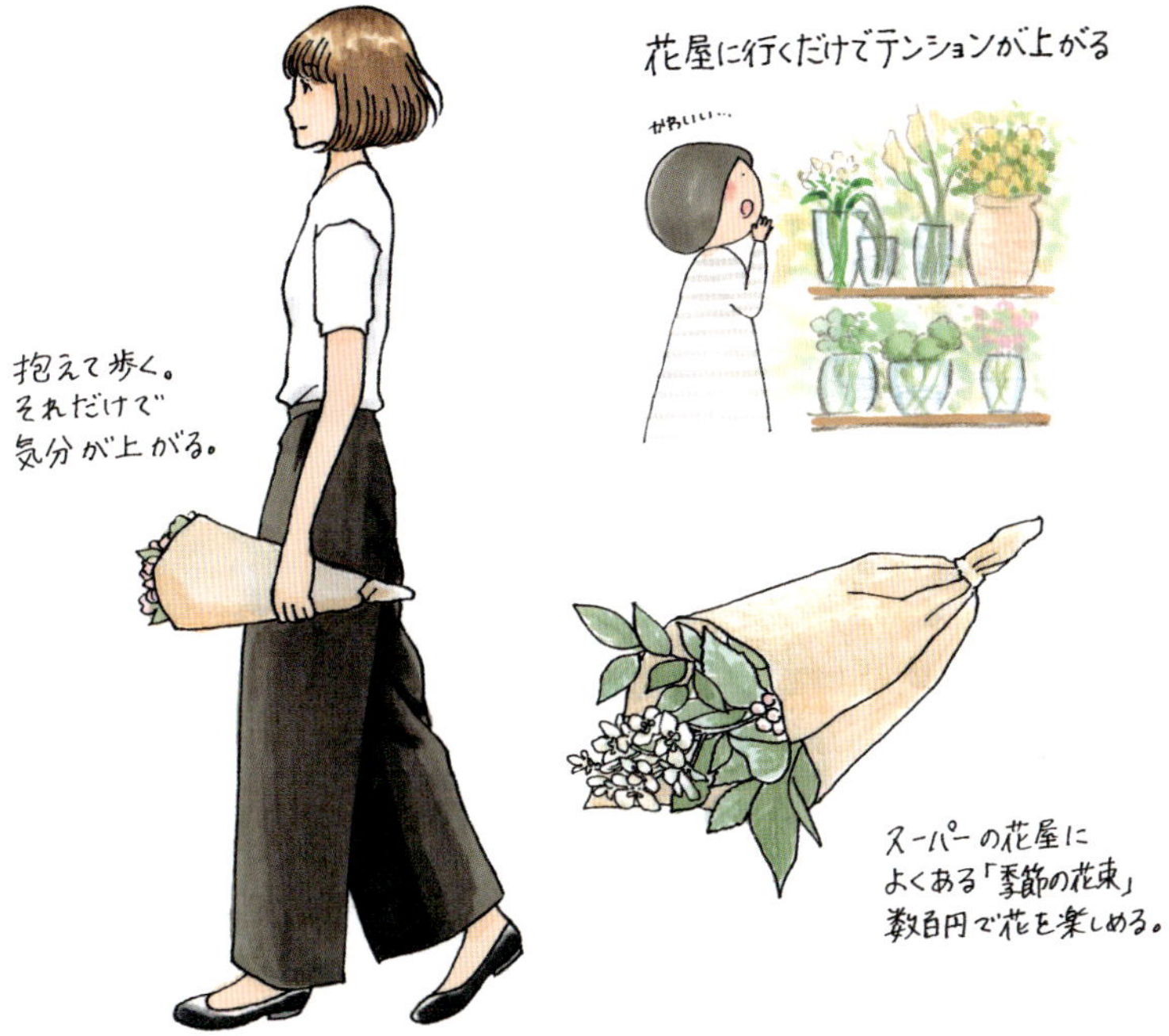
花屋に行くだけでテンションが上がる
かわいい…
抱えて歩く。
それだけで
気分が上がる。
スーパーの花屋に
よくある「季節の花束」
数百円で花を楽しめる。

月に1回、花屋に立ち寄る

月に1回、買い物ついでに花屋に立ち寄るようにしています。よく行くのはスーパー内のフラワーショップ。手頃なサイズのミニブーケなら、300円くらいで調達できます。

花は高いイメージもありますが、実はちょっとおやつを我慢すれば買える価格だったりします。たとえ一輪だけでも生けてあると、汚い部屋でも「そのまわりだけはキレイにしよう」と思わせてくれる。花にはそんな力があります。

騙されたと思って、一度花屋に足を運んでみませんか？　モノを減らして身軽に暮らすための、はじめの一歩になるかもしれません。

☑ スッキリ　　☐ ほっこり

お清め感覚の「中掃除《チュウソウジ》」

わが家では、年末大掃除をしていません。その代り半月に1回「中掃除」をしています。これは読んで字のごとく、毎日するほどではないけれど、大掃除よりはずっとラクな、「たまに」するといい掃除のこと。たとえばカーテンの洗濯や布団乾燥、キッチンのパイプ洗浄、靴箱掃除などで、気分や天気や汚れ具合で「今日はコレ」と決めて行います。中掃除の種類はだいたい2週間で一周するペースです。

　モノが少ない生活は、掃除がラクに済む良さがあります。カーテンは薄手のものが2セットしかないから家で乾燥までできるし、シンクには余計な三角コーナーや水切りカゴがないから事前に片づける手間もなくササッと完了。汚れやホコリを放置するとそこから運気が下がる気がするので、お清めするつもりで行っています。

たたきと
靴箱の棚板まで
拭きあげると
気分爽快です。

靴箱の中と玄関のたたき

靴箱は中に入れているモノを全部出して、ぬるま湯で拭き掃除。玄関のたたきもついでに拭いてしまいます。最後に塩をパパッとまくと、気分もスッキリ浄化されます。

普段視界に入らない
高い位置は
定期的にパトロール。

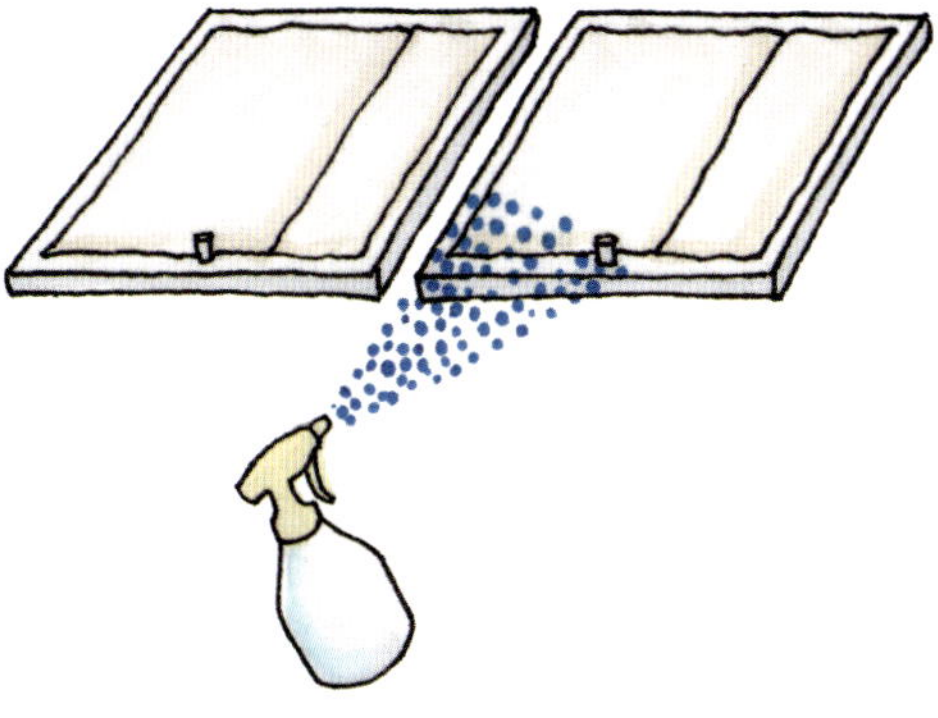

冷蔵庫の上を拭き掃除

静電気や熱でホコリが溜まりやすい場所なので、濡れ雑巾でサッと拭くようにしています。放熱の邪魔になる可能性もあるので、横着せずに奥まで拭くのが大切です。

換気扇の掃除

フィルターを外してキッチンペーパーを敷き、重曹スプレーで汚れを浮かせます。油汚れはこびりつくと大変ですが、こまめにやっておけば毎回サッと完了します。

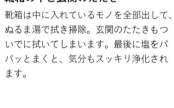

☑ スッキリ　☐ ほっこり

ガラスの器に塩を盛って玄関に置いています。これをひとつまみして撒きます。

両肩に塩をまいて手でパンパンと払います。
パッパッ

塩でササッと邪気を払う

帰宅したら靴を脱ぐ前に、玄関先で塩をひとつまみして肩と足先にパパッと撒いて邪気払い。効果のほどはわかりませんが、なんとなく気持ちが清められて、スッキリできる習慣です。

外では仕事でいろいろな人に出会ったり、初めて場所でたくさんの情報を浴びたりしています。無意識のうちにしみついた、汚れやノイズを払うつもりでパパッと2秒のリセット習慣。小さな儀式のようですが、これをやると心も体もキレイになって家に入れる気がしています。

☑ スッキリ　☑ ほっこり

abrAsusの旅行財布。
財布に負担をかけたく
ないので、こまめに
レシートを整理して
お手入れしています。

財布をねぎらう「磨き習慣」

ホッと一息つけるタイミングで毎日財布を磨いています。その日一日使った道具を労わる気持ちで「今日もありがとう」と心の中で声をかけながら行います。自分の気持ちも落ち着いてきて、ゆっくりとクールダウンできる時間です。

まず中のレシートを抜くことから。凸凹をなくし、やわらかい布で磨きます。2週間に1回は革製のクリームを塗り込みツヤが長持ちするようにしています。モノを減らしてからは時間に余裕が生まれ、ズボラな私もこうした道具の手入れができるようになりました。

□ スッキリ　☑ ほっこり

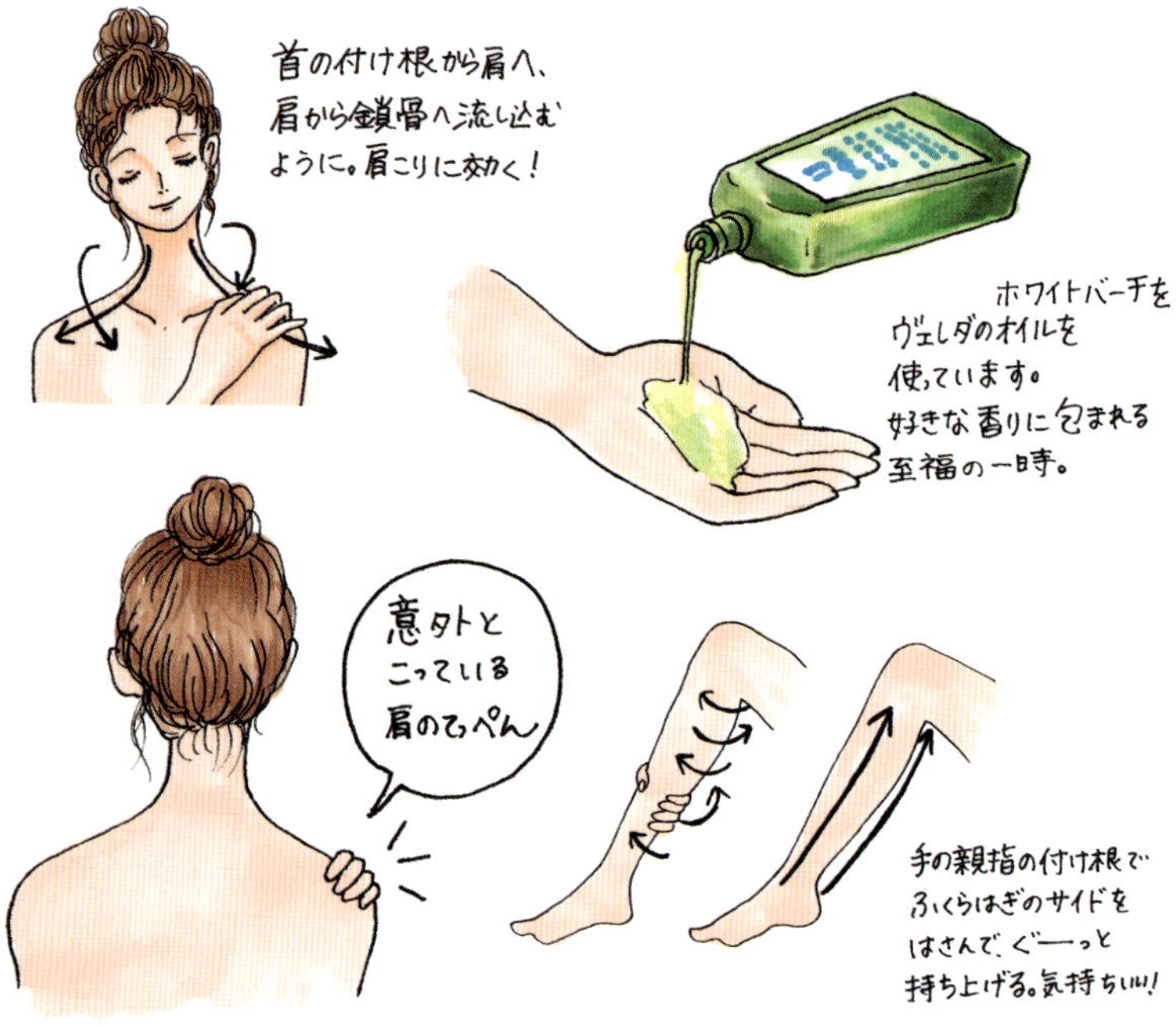

ゆるマッサージで自分をいたわる

寝る前にオイルマッサージをしています。むくみがちなふくらはぎと、肩から首にかけてしっかりほぐしてから眠るようにしています。好きな香りに包まれると「あぁ幸せだなぁ」と感じます。夫にもすすめてみたところ、頭痛が改善されたということです。

布団に入ったらスムーズに眠りに就くために、「寝たまんまヨガ」というアプリも使っていて、これも一日を気持ちよく終えるには効果大。寝たままの姿勢でヨガが行えるよう女性のやさしい声が流れるアプリで、5分もすると必ず入眠しています。

ESSAY
#04

暮らしは変化していっていい

社会や住環境などが変わっていくなかで、自分の興味が変わっていくのは当然だと思います。この本に書いたことも今の自分たちにしっくりきているだけ、考え方も生き方も持ち物も、数年後にはガラッと変わっていると思います。

新しく追加したもののおかげで人生が大きく動き出すこともあります。私の場合は『ニートの歩き方』を読んだことで、人とゆるくつながるシェアハウス暮らしをしたいと考えるように。また、体験では、愛知県・蒲郡のラグーナビーチでの「モーニングビーチヨガ」。人生で大事にしたいのは自然を感じながら心地よくリラックスする時間だと気づかせてもらいました。

結局のところ、暮らしのアップデートを続ける態度さえ身につけば、その時々の自分に合う方法を見つけていけるはず。減らしてみる実験やなりたい自分に近づける投資をこれからも続けていくつもりです。

あとがき

「身軽になりたい！」と強く思ったのは約二年前。仕事も職場の人間関係もうまくいかず、何事にもやる気がでなくて休日はどこへも行かずに家で一人横になっている日々でした。自分の人生の貴重な時間が消耗されていっている、という感覚があり、焦燥感に苛まれていました。「何かを変えなければ」強くそう思い、誰かに習うこともなく一人黙々と断捨離作業を続けていきました。ミニマリストという言葉もまだメジャーではなく、教科書的な本もない頃です。手がかりは、当時からミニマリストを名乗っていた人たちの綴るブログだけ。「望む物量にするには結局何を減らして何を残せばいいの？」ということがわからず手探り状態の日々でした。

しかし、あのときの孤独な片づけ作業の経験があったからこそ、「どうやったらスッキリした理想の暮らしにたどり着けるのかわからない」という人のそばにそっと寄り添うような本が作れたら、と思うようになりました。モノを減らし始めたその頃の自分に向けて、そして今これから暮らしを変えようと動き始めている人に向けて、この一冊が暮らしをあたたかなものにする役に立ちますように、と願います。

根気強く導いてくださった編集の斎藤様、デザイナーの鈴木様、本書を出版するにあたり、協力してくださった皆様に感謝いたします。

そして、こうして出版をさせていただけるのはブログやインスタグラムでいつも応援してくださっている皆様のおかげです。

支えてくださったすべての方へ心より感謝申し上げます。

おふみ

1988年生まれ。夫婦2人暮らし。

元々モノを捨てられないマキシマリストだったが、「身軽になりたい」と思い、夫婦揃って家中のモノを減らし、ミニマリストに。

そのような毎日をほぼ日手帳に絵日記で描き、ブログ「ミニマリスト日和」で公開したところ、月間120万PVとなり人気を博している。

普段はインテリアアドバイス業に従事。

ブログ「ミニマリスト日和」
mount-hayashi.hatenablog.com
instagram&twitter (@ofumi_3)

ミニマリストの部屋づくり

2016年9月30日　初版第1版発行

著者　おふみ
発行者　澤井聖一
発行所　株式会社エクスナレッジ
〒106-0032　東京都港区六本木7-2-26
http://www.xknowledge.co.jp/

問い合わせ先
編集　TEL:03-3403-1381　FAX:03-3403-1345
販売　TEL:03-3403-1321　FAX:03-3403-1829
MAIL:info@xkowledge.co.jp